하루 1분
영어게임

숨겨둔 영어실력 체크를 위한 ─────

하루 1분 영어게임

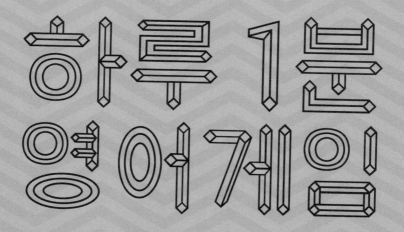

YM기획 엮음

베프북스
Best Friend Books

게임을 하면서 영어를 공부한다고?
단어를 익히는 게임, 문장을 익히는 게임

우리는 무언가를 시작할 때 의욕이 앞선 나머지 무리한 목표를 세운다. 하루에 한 단원씩 공부하겠다거나 하루에 단어 20개쯤은 외우고 말 테야, 라고 다짐하는 것이 흔한 예이다. 그러나 일상생활에서 쌓인 스트레스와 피곤함에 의지력과 동기는 곧 고갈되고, 이내 나가떨어지고 만다. 작심삼일. 습관 형성의 가장 큰 고비가 되는 때에 "역시 무리였어!"라고 포기하고 만다. 방법은 하루 한 페이지! 하루 한 페이지, 한 문제를 읽고 쓰고 외우는 데에는 자투리 시간이면 충분하다.

달달 외워도 막상 말할 때엔 떠오르지 않는다. 펜을 들고 직접 끄적여보고 하나의 표현은 적어도 서너 번은 반복해 써보자(책 속 빈 공간들이 곧 끄적임 장소). 영어는 반복이다. 영어단어와 문장을 익히면 매일매일 쌓이는 영어 기초력은 덤!

간단한 문장으로 게임하듯 신나게 공부해보자! 때로는 아는 것을 확인해서 즐겁고, 때로는 모르는 것을 알게 되어 재미있는 영어게임에 하루 1분만 투자해보자. 분명 당신의 지적 욕구를 자극하고 채워줄 것이다.

Contents

하루 1분 영어게임

이렇게 활용하세요!

과다한 업무, 학업 스트레스,

무의미한 일상의 반복…

멈춰버린 뇌에 다시 시동을 걸어볼까요?

매일 특정한 시간을 정해

뇌에 자극을 주는 게임으로 잠들어 있는 뇌를 깨워주세요.

단순한 게임이 아닌

영단어, 영문장 실력까지 쌓을 수 있어 더욱 유익합니다.

1. 《하루 1분 영어게임》은

게임을 하면서 영어공부까지! 학창시절에 배웠던 영어단어 실력을 확인해볼 수 있는 다양한 문제들을 모아 실었습니다. 중간중간 쉬운 영어퀴즈나 웃음을 주는 난센스 퀴즈로 리프레쉬하면서 순서대로 풀어나가 보세요.

2. 규칙적인 두뇌트레이닝

1 Week부터 52 Week까지 주말을 제외한 평일 5일 동안, 매일 한 문제씩 풀어보도록 구성하였습니다. 의욕이 앞선 나머지 무리한 목표를 세우고 하루에 여러 문제를 풀거나 몰아서 푸는 것보다는 매일 매일 꾸준히 단 한 문제씩만 풀어나가 보세요.

3. 바로바로 찾아보는 정답

문제와 정답지를 왔다갔다하는 번거로움은 이제 그만! 문제 다음 페이지에 정답을 확인할 수 있도록 구성하였습니다. 바로바로 정답을 확인하세요.

From
1 Week

to
17 Week

1 Week

Day 001 다음의 문장이 나타내는 '사자성어'는 무엇일까요?

If you scratch my back, I'll scratch yours.

Day 002   다음의 문장을 해석해 보세요.

Habit is second nature.

Day 003   난센스 퀴즈입니다. '태양의 왕'을 영어로 하면 무엇일까요?

Day 004   '터키'는 알파벳 'T'를 대문자와 소문자로 쓸 때 그 의미가 다릅니다. 각각 어떤 뜻을 갖고 있나요?

(대문자) Turkey -

(소문자) turkey -

Day **005**   'I'는 무엇일까요? 다음의 설명을 보고 정답을 맞혀 보세요.

1. I am stronger than the sun.
2. But I am afraid of the wind.
3. I am usually white.
4. I travel around the world.
5. I produce rain.

Day 001

만약 네가 내 등을 긁어주면 나도 네 등을 긁어줄게. 즉, **상부상조**(서로 의지하고 서로 도움)를 의미한다.

- **scratch** 할퀴다, 긁다, (몸에) 할퀸 상처를 내다, (가려운 곳을) 긁다, (땅을) 긁어 구멍을 내다

Day 002

습관은 제2의 천성이다.

- **habit** 버릇, 습관
- **second** 제2의, 둘째 (번)의
- **nature** ①(대)자연, 천지만물 ②천성, 인간성, 본성

Day 003

Hacking(해킹)

Day 004

유럽과 아시아에 걸쳐 있는 나라 **터키(Turkey)**와 성탄절이나 추수감사절에 특별 요리로 먹는 **칠면조(turkey)**는 영문 철자가 똑같다. 대문자로 하면 '나라', 소문자로 하면 '칠면조'를 뜻한다.

Day 005

cloud

1. 나는 태양보다 강해요.
2. 그러나 나는 바람을 두려워해요.
3. 나는 보통 하얀색이에요.
4. 나는 세계를 여행해요.

5. 나는 비를 만들어요.
- **strong** 튼튼한, 강한, 힘센
- **afraid** 두려워[무서워]하는, 겁내는
- **usually** 보통, 대개
- **travel** ①여행하다 ②여행, 출장
- **around** 둘레에, 주위에, 사방에
- **produce** 생산하다

Day 001   다음의 문장이 나타내는 '사자성어'는 무엇일까요?

An iron hand in the velvet glove.

Day 002   다음의 문장을 해석해 보세요.

Education is the best provision for old age.

Day 003   난센스 퀴즈입니다. '바쁘게 달려가다'를 영어로 하면 무엇일까요?

Day 004　　ʼAnne Lamott(앤 라모트)ʼ의 명언입니다. 밑줄 친 곳에 들어갈 단어는 무엇인가요?

_____ begins in the dark.

희망은 어둠 속에서 시작한다.

Day 005   'I'는 무엇일까요? 다음의 설명을 보고 정답을 맞혀 보세요.

1. I have four legs.
2. I have got long ears.
3. I am a small animal.
4. I love carrots.

Day 001

벨벳 장갑 안에 있는 철로 만든 손. 겉으로는 부드럽고 순하게 보이나 속은 곧고 굳셈을 뜻하는 말. 즉, **외유내강**을 의미한다.

· iron ①철, 쇠, 철분 ②다리미 ③다리미질을 하다
· velvet 벨벳, 우단, 비로드

Day 002

교육은 최상의 노후 대비책이다.

· provision ①예비, 준비, 대비 ②공급, 지급, 지급량, 양식, 식량, 저장품 ③규정, 조항

Day 003

busy run(부지런하다)

· busy ①(할 일이 많아) 바쁜, 분주한 ②부지런히 일하는, 활동적인

Day 004

Hope

· begin 시작되다, 시작하다, 착수하다

Day 005

rabbit

1. 나는 다리가 네 개예요.
2. 나는 긴 귀가 있어요.
3. 나는 작은 동물이에요.
4. 나는 당근을 좋아해요.

· have got 가지고 있다, 소유하다

Day 001   다음의 문장이 나타내는 '사자성어'는 무엇일까요?

If at first you don't succeed, try, try, again.

Day 002   다음의 문장을 해석해 보세요.

Friendship is a slow ripening fruit.

Day 003   난센스 퀴즈입니다. 실내화가 영어로 자기소개를
한다면 어떻게 말할까요?

Day 004   'Voltaire(볼테르)'의 명언입니다. 밑줄 친 곳에 들
어갈 단어는 무엇인가요?

Love _____, and pardon error.

진실을 사랑하고 실수를 용서하라.

Day **005** 'I'는 무엇일까요? 다음의 설명을 보고 정답을 맞혀
보세요.

1. I am an animal.

2. My tail is curled up.

3. I have a good sense of smell.

4. People say that my nose looks funny.

5. My baby is called Piglet.

정답

Day 001

처음에 당신이 성공하지 못한다면, 시도하고, 시도하고, 다시 시도해라. 즉, **칠전팔기**(일곱 번 넘어지고 여덟 번째 일어난다)를 의미한다.

• succeed ①성공하다, 출세하다, 잘 되어가다, 번창하다 ②결과를 얻다

Day 002

우정은 천천히 익는 과일이다.

• ripen 익다, 원숙하다

Day 003

Excuse me.(실례합니다.)

'실례'와 '실내'의 발음이 비슷하기에 '실내합니다'를 '실례합니다'로 생각하면 실례합니다의 영어 표기인 'Excuse me'가 된다.

Day 004

truth

• pardon ①용서, 허용, 관대 ②특사, 은사 ③용서하다

• error 잘못, 실수, 틀림

Day 005

pig

1. 나는 동물이에요.

2. 나의 꼬리는 동그랗게 말려 있어요.

3. 나는 냄새를 잘 맡아요.

4. 사람들은 내 코가 웃기게 생겼다고 해요.

5. 나의 아기는 피글렛이라 불려요.

• curl up 동그랗게 말리다

Day 001   다음의 문장이 나타내는 '사자성어'는 무엇일까요?

Like attracts like.

Day 002   다음의 문장을 해석해 보세요.

We make war that we may live in peace.

Day 003　다음 밑줄 친 곳에 들어갈 단어는 무엇인가요?

_____ is the best teacher.

경험은 최고의 스승이다.

Day 004　다음 밑줄 친 곳에 공통적으로 들어갈 단어는 무엇일까요?

Your beliefs _____ your thoughts.

Your thoughts _____ your words.

Your words _____ your actions.

Your actions _____ your habits.

Your habits _____ your values.

Your values _____ your destiny.

Day 005   'I'는 무엇일까요? 다음의 설명을 보고 정답을 맞혀 보세요.

1. I have seas without water.

2. I have forests without wood.

3. I have deserts without sand.

4. I have houses with no brick.

5. I have towns without people.

Day 001

유유상종(끼리끼리 모인다.)

- **attract** ①(주의ㆍ흥미 등을) 끌다, (사물을) 끌어당기다
　　　　②…의 마음을 끌다, 매혹하다

Day 002

우리는 평화롭게 살기 위해 전쟁을 치른다.

- **live** 살다, 살아 있다, 생존하다, 오래 살다
- **peace** 평화, 태평

Day 003

Experience

- **best** 가장 좋은, 최선의, 최상의, 최고의
- **teacher** 선생, 교사

Day 004

become

네 신념은 네 생각이 된다.

네 생각은 네 말이 된다.

네 말은 네 행동이 된다.

네 행동은 네 습관이 된다.

네 습관은 네 가치가 된다.

네 가치는 네 운명이 된다.

- **belief** ①신념, 확신 ②(옳다고 믿고 있는) 생각, 믿음
- **thought** ①(특정한) 생각 ②사고(력), 생각(하기)

- **word** ①말, 낱말 ②이야기, 한 마디 말, 짧은 담화
- **value** 가치, 유용성, 진가, 쓸모, 고마움
- **destiny** 운명, 숙명, 운
- **action** 활동, 행동, (기계의) 운전
- **habit** 습관, 버릇, 습성

Day 005
map

1. 나는 물이 없는 바다를 가지고 있어요.
2. 나는 나무가 없는 숲을 가지고 있어요.
3. 나는 모래 없는 사막을 가지고 있어요.
4. 나는 벽돌 없는 집을 가지고 있어요.
5. 나는 사람들 없는 마을을 가지고 있어요.

- **forest** 숲, 산림
- **desert** 사막, 황무지
- **brick** 벽돌

Day 001 다음의 문장이 나타내는 '사자성어'는 무엇일까요?

Add insult to injury.

Day 002 다음의 문장을 해석해 보세요.

If you would be loved, love and be lovable.

Day 003   Lord Byron(바이런)의 명언입니다. 밑줄 친 곳에
들어갈 단어는 무엇인가요?

Always laugh when you can. It is cheap _____.

웃을 수 있을 때 항상 웃길 바란다. 이것은 무료 치료제이다.

A ＿＿＿＿＿＿＿＿ is a second self.

＿ Aristotle

Nobody sees a flower - really - it is so small it takes time -
we haven't time - and to see takes time, like to have a
＿＿＿＿＿＿＿＿ takes time.

＿ Georgia O'Keeffe

In a ＿＿＿＿＿＿＿＿ one should have ones best enemy. You
should be closest to him with your heart when you resist
him.

＿ Friedrich Nietzsche

'I'는 무엇일까요? 다음의 설명을 보고 정답을 맞혀 보세요.

1. I can stand with my feet.

2. I can leap as you do.

3. I carry my baby in a pocket of my body.

4. My hometown is Australia.

Day 001
상처에 모욕까지 덧입히기라는 뜻으로 **설상가상**(엎친 데 덮친 격)을 의미한다.
- insult 모욕, 무례, 모욕 행위, 무례한 짓
- injury 부상, 상처, 피해

Day 002
사랑받고 싶다면 사랑하라. 그리고 사랑스럽게 행동하라.
- lovable 사랑스러운, 애교 있는, 매력적인

Day 003
medicine
- laugh ①웃음 ②소리내어 웃다
- cheap 싼, 값이 싼

Day 004
friend
친구는 제2의 자신이다.(아리스토텔레스)
아무도 꽃을 보지 않는다. 정말이다. 너무 작아서 알아보는 데 시간이 걸리기 때문이다.
우리에겐 시간이 없고, 무언가를 보려면 시간이 필요하다. 친구를 사귀는 것처럼.(조지
아 오키프)
자신의 벗을 최선의 적으로 삼아야 한다. 그대의 벗과 적대할 때 그대의 마음은 벗을 더
없이 가깝게 여겨야 한다.(프레드리히 니체)
- enemy 적, 원수, 적수, 경쟁 상대
- closest 가장 가까운
- resist …에 저항하다, 격퇴하다, 방해하다

Day 005
kangaroo

1. 나는 발로 설 수 있어요.
2. 나는 껑충 뛸 수 있어요.
3. 나는 내 몸의 주머니에 아기를 넣고 이동해요.
4. 나의 고향은 호주랍니다.

- **feet** foot의 복수
- **leap** 껑충 뛰다, 뛰어오르다
- **hometown** 고향, 출생지

Day 001 다음의 문장이 나타내는 '사자성어'는 무엇일까요?

Self do, self have.

Day 002   다음의 문장을 해석해 보세요.

A friend in need is a friend indeed.

Day 003   난센스 퀴즈입니다. 사탕을 알파벳 두 개로 나타내면 무엇일까요?

Day 004   Mahatma Gandhi(마하트마 간디)의 명언입니다.
밑줄 친 곳에 들어갈 단어는 무엇인가요?

_____ is a delightful but distressing state.

게으름은 몸은 즐겁지만 마음은 괴로운 상태이다.

Day **005**   'I'는 무엇일까요? 다음의 설명을 보고 정답을 맞혀 보세요.

1. I will entertain you.

2. I tell funny and sad stories.

3. I am shaped like a cube.

4. I plug into the wall.

5. Many people fall asleep watching me.

정답

Day 001
자기가 저지른 일의 결과를 자기가 받음, 즉 **자업자득**을 뜻한다.

Day 002
어려울 때 친구가 진정한 친구다.
- **need** 필요, 소용, 욕구
- **indeed** 실로, 정말, 참으로

Day 003
c, y(c and y), 즉 candy

Day 004
Indolence
- **delightful** 매우 기쁜, 즐거운, 매우 유쾌한, 쾌적한, 애교 있는
- **distress** 심통, 비탄, 고민, 걱정
- **state** 상태, 형편, 사정, 형세

Day 005
televison
1. 나는 당신을 즐겁게 해줄 수 있어요.
2. 나는 재밌고 슬픈 이야기를 해요.
3. 나는 큐브 모양이에요.
4. 벽에 플러그를 꽂아요.
5. 많은 사람들은 나를 보고 잠이 들어요.
- **entertain** 접대하다, 즐겁게 해주다

- funny 익살맞은, 우스운, 재미있는
- shape 모양, 형상, 외형
- cube 정육면체
- wall 벽, 담, 외벽, 내벽
- fall asleep 잠들다

Day 001   다음의 문장이 나타내는 '사자성어'는 무엇일까요?

Like father, like son.

Day 002   다음의 문장을 해석해 보세요.

A bad workman blames his tools.

다음 밑줄 친 곳에 각각 들어갈 단어는 무엇인가요?

_____ _____ everyone else is already taken.

너 자신이 되어라. 다른 사람들은 이미 그들만의 것을 지니고 있다.

　　　다음의 문장을 해석해 보세요.

Love does not consist in gazing at each other, but in looking outward together in the same direction.

Day 005   'I'는 무엇일까요? 다음의 설명을 보고 정답을 맞혀 보세요.

1. I am an animal.

2. I am good at jumping over a wall.

3. I usually move quietly at night.

4. My job is to find mice and eat them.

5. I can see clearly at night, so I catch a mouse very well.

Day 001
그 아버지에 그 아들, 즉 **부전자전**을 뜻한다.

Day 002
서투른 일꾼이 연장을 탓한다.
- **workman** (육체노동) 노동재[일꾼]
- **blame** ①…을 탓하다, … 책임[때문]으로 보다 ②책임, 탓
- **tool** 연장, 도구, 공구

Day 003
Be yourself
- **already** 이미, 벌써

Day 004
사랑은 서로 바라보는 것이 아니라 같은 방향을 함께 바라보는 것입니다.
- **consist** (…으로) 되다, (부분 · 요소로) 이루어져 있다
- **gazing** 응시
- **each other** 서로(를), 상호
- **outward** 밖을 향한, 외부로의, 표면상의, 겉보기의, 외형의
- **direction** 방향, 위치

Day 005
cat

1. 나는 동물이에요.
2. 나는 벽을 잘 뛰어넘어요.
3. 나는 보통 밤에 조용히 움직여요.
4. 나의 일은 쥐를 찾아서 먹는 거예요.
5. 나는 밤에 또렷하게 보여서 쥐를 아주 잘 잡아요.

- **wall** 벽, 담, 외벽, 내벽
- **quietly** 조용히, 고요히, 살짝, 평온하게, 얌전하게
- **mice** mouse의 복수
- **clearly** 또렷하게, 분명히, 알기 쉽게

Day 001   다음의 문장이 나타내는 '사자성어'는 무엇일까요?

Icing on the cake.

Day 002   'Voltaire(볼테르)'의 명언입니다. 밑줄 친 곳에 들어갈 단어는 무엇인가요?

_____ is opinion without judgement.

편견은 불변 없는 견해다.

True _____ is swift, and flies with swallow's wings,
Kings it makes gods, and meaner creatures kings.

_ William Shakespeare

_____ doesn't come from calculating whether the good news is winning out over the bad. It's simply a choice to take action.

_ Anna Lappe

While there's life, there's _____ .

_ Cicero

49

Day **004**   다음 밑줄 친 곳에 들어갈 단어는 무엇인가요?

No smoke without ＿＿＿＿＿＿＿.

불 없이는 연기가 없다.

Day 005 'I'는 무엇일까요? 다음의 설명을 보고 정답을 맞혀 보세요.

1. I am a cousin to horse.
2. I have two long ears.
3. I am one of the smart animals.
4. I pull a cart or give rides to people.

Day 001
케이크 위에 아이싱, 즉 **금상첨화**(좋은 일에 또 좋은 일이 더하여짐)를 뜻한다.

Day 002
Prejudice
- **opinion** 의견, 견해
- **without** …없이, …이 없는, …을 갖지 않고
- **judgement** 판단력, 판단, 비판

Day 003
hope
진실된 희망은 빠르고, 제비 날개를 타고 날아간다오. 희망은 왕을 신으로, 왕보다 못한 피조물들은 왕으로 만든다오.(윌리엄 셰익스피어)
희망은 좋은 소식이 나쁜 소식보다 우세한지 계산하는 데서 오는 것이 아니다. 희망이란 그저 행동하겠다는 선택이다.(안나 라페)
삶이 있는 한 희망은 있다.(키케로)
- **swift** 날랜, 빠른, 신속한
- **swallow** ①(음식 등을) 삼키다 ②(특히 초조해서) 마른침을 삼키다 ③제비
- **meaner** …라는 뜻[의미]이다, …을 뜻하다[의미하다]
- **creature** (신의) 창조물, 피조물
- **calculating** 계산하는, 계산용의, 타산적인, 빈틈없는
- **simply** 솔직히, 순진(천진)하게, 소박하게, 알기 쉽게, 평이하게
- **choice** 선택, 선정

Day 004
fire

- **smoke** ①연기, 매연 ②(담배를) 피우다
- **without** …없이, …이 없는, …을 갖지 않고

Day 005
donkey

1. 나는 말의 사촌이에요.
2. 나는 두 개의 긴 귀를 가지고 있어요.
3. 나는 똑똑한 동물 중 하나예요.
4. 나는 마차를 끌거나 사람들을 태워줘요.

- **cousin** 사촌, 친척, 일가
- **horse** 말, 경마
- **pull** 끌다, 당기다, 끌어[잡아]당기다
- **cart** 수레, 손수레, 우마차, 카트

Day 001   다음의 문장이 나타내는 '사자성어'는 무엇일까요?

Too much is as bad as too little.

Day 002   다음의 문장을 해석해 보세요.

The early bird catches the worm.

Day 003   다음 밑줄 친 곳에 각각 들어갈 단어는 무엇인가요?

What goes _____ must come _____.

오르막이 있으면 내리막이 있는 법이다.

Day 004   다음 밑줄 친 곳에 공통적으로 들어갈 단어는 무엇일까요?

In _____, the song sings itself.

여름에는 노래가 절로 나온다.

The _____ night is like a perfection of thought.

여름 밤은 마치 생각의 완성과도 같다.

1. I am not pretty.
2. My body is dark yellow in fall.
3. I am sad because people call me an ugly fruit.
4. People make pie or cake with me.

Day 001
지나침은 부족한 것만 못하다는 뜻으로 **과유불급**(정도를 지나침은 미치지 못함과 같다는 뜻으로, '중용'이 중요함을 이르는 말)을 의미해요.
- **too much** 과도하게
- **too** 너무, …도
- **little** ①작은, (작고) 귀여운, 소규모의 ②거의 없는[아닌]

Day 002
일찍 일어나는 새가 벌레를 잡는다.
- **early** 일찍이, 일찍부터, 일찌감치
- **catch** 붙들다, (붙)잡다, 쥐다
- **worm** 벌레

Day 003
up, down
- **must** …해야 하다, (틀림없이) …일 것이다

Day 004
summer
- **itself** 그 자신을, 그 자체를
- **perfection** 완전, 완벽, 완비, 극치, 이상
- **thought** 생각하기, 사색, 사고

Day 005
pumpkin

1. 나는 예쁘지 않아요.
2. 가을에 내 몸은 어두운 노란색이에요.
3. 사람들이 나를 못생긴 과일이라고 해서 슬퍼요.
4. 사람들을 나를 가지고 파이나 케이크를 만들어요.

- **pretty** 예쁜, 귀여운
- **dark** ①어두운, 암흑의 ②(색이) 짙은
- **fall** ①떨어지다, 낙하하다 ②가을
- **ugly** 추한, 보기 싫은, 못생긴
- **fruit** 과일, 실과

10 Week

Day 001   다음의 문장이 나타내는 '사자성어'는 무엇일까요?

The apples on the other side of the wall are the sweetest.

Day 002   다음의 문장을 해석해 보세요.

No smoke without fire.

다음 밑줄 친 곳에 들어갈 단어는 무엇인가요?

_____ is the most perfect expression of scorn.

침묵은 경멸을 표현하는 가장 완벽한 표현이다.

Our critics are our _____, they show us our faults.

_ Benjamin Franklin

Prosperity makes _____, adversity tries them.

_ Publilius Syrus

_____ may come and go, but enemies accumulate.

_ Thomas Jones

Day 005   'I'는 무엇일까요? 다음의 설명을 보고 정답을 맞혀 보세요.

1. I like night rather than day.

2. I live in a cave.

3. I like Sir Dracula.

4. I am not a bird but I can fly.

5. Find me in a horror movie.

Day 001

담 저쪽 사과가 제일 달다로 해석되며 집에 있는 닭과 들에 있는 꿩이라는 뜻으로 **가계 야치**(가까이 있는 흔한 것은 천하게 여기고, 멀리 있는 드문 것을 귀하게 여김을 이르는 말)를 의미한다.

- **sweet** 달콤한, 단
- **sweetest** sweet의 최상급

Day 002

아니 땐 굴뚝에 연기 날까.

- **smoke** ①연기, 매연 ②(담배를) 피우다
- **fire** 불, 화염, 연소

Day 003

Silence

- **perfect** 완전한, 더할 나위 없는, 결점이 없는, 이상적인
- **expression** 표현, 표출
- **scorn** 경멸, 멸시, 비웃음, 냉소

Day 004

Friends

우리의 비평가들은 우리의 친구들이다. 그들은 우리에게 우리의 잘못을 보여주기 때문이다.(벤자민 프랭클린)

성공은 친구를 만들고, 역경은 친구를 시험한다.(퍼블릴리어스 사이러스)

친구는 있다가도 없고 없다가도 있을 수 있지만, 적은 계속 는다.(토머스 존스)

- **critic** 비평가, 평론가, 감정가

- **fault** 과실, 잘못, 허물, 실책
- **prosperity** 번영, 번창, 융성, 성공, 행운
- **adversity** 역경, 불행, 불운
- **enemy** 적, 원수, 경쟁상대
- **accumulate** (조금씩) 모으다, (재산 따위를) 축적하다

Day 005
bat

1. 나는 낮보다 밤을 좋아해요.
2. 나는 동굴에 살아요.
3. 나는 드라큘라를 좋아해요.
4. 나는 새는 아니지만 날 수 있어요.
5. 공포 영화 속에서 나를 찾을 수 있어요.

- **rather than** …보다는[대신에/…하지 말고]
- **cave** 굴, 동굴
- **horror** 공포, 전율

Day 001   다음의 문장이 나타내는 '사자성어'는 무엇일까요?

The more the better.

Day 002   다음의 문장을 해석해 보세요.

Blood is thicker than water.

다음 밑줄 친 곳에 들어갈 단어는 무엇인가요?

Not by age by capacity is _____ acquired.

지혜는 연륜이 아닌 능력으로 얻어진다.

Day 004   다음 밑줄 친 곳에 공통적으로 들어갈 단어는 무엇일까요?

The human race has one really effective weapon, and that is _____.

A day without _____ is a day wasted.

_____ is the closest distance between two people.

_____ is the tonic, the relief, the surcease for pain.

Day 005   다음의 설명을 보고 정답을 맞혀보세요.

1. We are twins.
2. We sit on your nose.
3. You can see better.
4. Each of us has round body and a long leg.
5. We have to work togeter.

Day 001
많으면 많을수록 좋다, 즉 **다다익선**을 의미한다.
- **more** (many 또는 much의 비교급) 더 많은, 더 큰
- **better** (good의 비교급) …보다 좋은

Day 002
피는 물보다 진하다.
- **blood** 피, 혈액
- **thick** 두꺼운, 두툼한

Day 003
wisdom
- **age** ①나이, 연령 ②햇수, 연대, 시기
- **capacity** 수용량, 용량, 능력
- **acquired** 취득한, 획득한, 습성이 된

Day 004
laughter
인류는 정말 효과적인 무기를 하나 가지고 있다. 그것이 바로 웃음이다.
웃음 없는 하루는 낭비한 하루입니다.
웃음은 두 사람 간의 가장 가까운 거리입니다.
웃음은 강장제이고 안정제이며, 진통제이다.
- **race** 경주, 보트, 레이스
- **really** 참으로, 정말
- **effective** 유효한, 효력이 있는

- **weapon** 무기, 병기, 흉기
- **wasteing** 헛되이 하다, 낭비하다
- **distance** 거리, 간격
- **tonic** 튼튼하게 하는, 원기를 돋우는
- **relief** 경감, 제거
- **surcease** 그침, 정지
- **pain** 아픔, 고통

Day 005
glasses

1. 우리는 쌍둥이예요.
2. 우리는 당신의 코에 앉아 있어요.
3. 당신은 더 잘 볼 수 있어요.
4. 우리는 각각 동그란 몸과 긴 다리를 가지고 있어요.
5. 우리는 함께 일해야 해요.

- **twin** 쌍둥이
- **nose** 코
- **sit** 앉다, 걸터앉다
- **leg** 다리
- **togeter** 함께, 같이

Day 001   다음의 문장이 나타내는 '사자성어'는 무엇일까요?

promotion of virtue and reproval of vice

encouraging good and punishing evil

Day 002   다음의 문장을 해석해 보세요.

No news is good news.

Day 003   'Napoléon Bonaparte(나폴레옹 보나파르트)'의
명언입니다. 밑줄 친 곳에 들어갈 단어는 무엇인가요?

_____ belongs to the most persevering.

승리는 가장 끈기 있는 자에게 돌아간다.

Day 004   난센스 퀴즈입니다. 먹구름 속에 있는 알파벳은 무
엇일까요?

Day 005 다음 밑줄 친 곳에 각각 들어갈 단어는 무엇인가요?

I never lose. I _____ win _____ learn.

나는 절대로 지지 않는다. 나는 이기거나 혹은 배울 뿐이다.

Day 001

착한 일을 권장하고 악한 일을 징계함, 즉 **권선징악**을 의미한다.

- promotion 승진, 진급, 승격, 홍보
- virtue 미덕, 덕, 덕행, 선행
- reproval 책망, 나무람, 꾸지람
- vice 악덕, 악, 사악, 부도
- encourage 용기를 돋우다, 격려하다, 고무하다
- punish (사람 또는 죄를) 벌하다, 응징하다
- evil 나쁜, 사악한, 흉악한

Day 002

무소식이 희소식이다.

- news 뉴스, 보도, 소식

Day 003

Victory

- belong (…에) 속하다
- persevering 참을성 있는, 끈기 있는

Day 004

B(비)

Day 005

either, or

- lose 잃다, 없애다, 상실하다
- learn …을 배우다, 익히다, 가르침을 받다, 공부하다, 연습하다

Day 001   다음의 문장이 나타내는 '사자성어'는 무엇일까요?

Farming by day and studying by night.

Day 002   다음의 문장을 해석해 보세요.

Always laugh when you can. It is cheap medicine.

Day 003 'Walt Disney(월트 디즈니)'의 명언입니다. 밑줄 친 곳에 들어갈 단어는 무엇인가요?

If you can _____ it, you can do it.
꿈을 꿀 수 있다면 할 수 있습니다.

Day 004 'Cicero(키케로)'의 명언입니다. 밑줄 친 곳에 각각 들어갈 단어는 무엇인가요?

While there's _____, there's _____.
삶이 있는 한 희망은 있다.

다음 밑줄 친 곳에 각각 들어갈 단어는 무엇인가요?

Do not dwell in the _____, do not dream of the _____. Concentrate the mind on the present_____.

과거에 사로잡히지 말고, 미래를 꿈꾸지도 말라. 그저 온 마음을 지금 이 순간에 집중해라.

Day 001
낮에는 농사짓고, 밤에는 글을 읽는다는 뜻으로 **주경야독**(어려운 여건 속에서도 꿋꿋이 공부함을 이르는 말)을 의미한다.
- **farm** 농장, 농지, 농원
- **farming** 농업(용)의, 농업
- **study** 공부, 면학, 학습

Day 002
웃을 수 있을 때 언제든 웃어라. 공짜 보약이다.
- **cheap** 싼, 값이 싼
- **medicine** 약, 약물

Day 003
dream

Day 004
life, hope
- **while** …하는 동안

Day 005
past, future, moment
- **dwell** 살다, 거주하다
- **concentrate** ①(정신을) 집중하다[집중시키다] ②전념하다 (한 곳에) 모으다
- **present** ①현재의 ②있는, 참석[출석]한 ③선물 ④현재, 지금

Day 001   다음의 문장이 나타내는 '사자성어'는 무엇일까요?

unforgettableness

remember when awake or asleep

bear in mind all the time

Day 002   다음의 문장을 해석해 보세요.

Never put off till tomorrow what may be done today.

다음 밑줄 친 곳에 공통적으로 들어갈 단어는 무엇
인가요?

집에 가다 _____ home

쇼핑가다 _____ shopping

낚시가다 _____ fishing

조깅가다 _____ jogging

Day 004 다음 밑줄 친 곳에 공통적으로 들어갈 단어는 무엇인가요?

I am going to _____ to her.

나는 오늘 그녀에게 청혼할 거야.

I plan to _____ to her tonight.

오늘밤 그녀에게 청혼할 계획이야.

'Albert Einstein(앨버트 아인슈타인)'의 명언입니다. 밑줄 친 곳에 각각 들어갈 단어는 무엇인가요?

Try not to become a man of _____ but rather to become a man of _____.

성공한 사람보다는 가치 있는 사람이 되려 하라.

정답

Day 001
자나 깨나 잊지 못함, 즉 **오매불망**을 의미한다.
- **unforgettable** 잊을 수 없는, (언제까지나) 기억에 남는
- **remember** 기억하다, 생각해내다, 상기하다
- **awake** 깨우다, 눈뜨게 하다
- **asleep** 잠이 든, 자고 있는
- **bear** ①참다, 견디다 ②곰
- **mind** 마음, 정신

Day 002
오늘 할 일을 내일로 미루지 말라.
- **put off** 핑계, 발뺌, 연기
- **till** …까지

Day 003
go
공통적으로 go 다음에 전치사 to가 없습니다.

Day 004
propose
(계획 · 생각 등을) 제안하다
(…을 하려고) 작정하다
청혼하다, 프러포즈하다

Day 005
success, value

- rather ①오히려, 어느 쪽인가 하면 ②어느 정도, 다소, 꽤, 약간, 상당히

Day 001   다음의 문장이 나타내는 '사자성어'는 무엇일까요?

The fruits of diligent study.

Day 002   다음의 문장을 해석해 보세요.

Seeing is believing.

Day 003   'Helen Keller(헬렌 켈러)'의 명언입니다. 밑줄 친 곳에 들어갈 단어는 무엇인가요?

Hope sees the invisible, feels the intangible, and achieves the _____.

희망은 볼 수 없는 것을 보고, 만질 수 없는 것을 느끼고, 불가능한 것을 이룬다.

Day **004**   다음 밑줄 친 곳에 공통적으로 들어갈 단어는 무엇 인가요?

When you're alone, _____ _____ thoughts.

혼자 있을 때는, 생각을 조심하세요.

When you're with your friends, _____ _____ tongue.

친구들과 함께할 때는, 혓바닥을 조심하세요.

When you're angry, _____ _____ temper.

화가 날 때는, 성질을 조심하세요.

When you're with a group, _____ _____ behaviour.

무리 속에 있을 때는 행동을 조심하세요.

'I'는 무엇일까요? 다음의 설명을 보고 정답을 맞혀 보세요.

1. I am tall.

2. I am a giant with three eyes.

3. My eyes have all different colors.

4. I am standing on a street.

5. People and cars have to follow my direction.

Day 001
부지런히 공부하여 열매를 맺다, 즉 고생을 하면서 부지런하고 꾸준하게 공부하는 자세를 이르는 말 **형설지공**(반딧불, 눈과 함께 하는 노력이라는 뜻)을 의미한다.
- fruit ①과일 ②열매를 맺다
- diligent 근면한, 부지런한, 애쓴, 공들인

Day 002
보는 것이 믿는 것이다.
- believing ①믿음, 신앙 ②믿음을 가진

Day 003
impossible
- invisible 눈에 보이지 않는, 감추어진
- intangible 만질 수 없는, 만져서 알 수 없는
- achieve ①(일 · 목적)을 이루다 ②달성

Day 004
mind your
- alone 혼자, 다른 사람 없이
- tongue 혀, 혓바닥
- angry 성난, 화를 낸
- temper 기질, 천성, 성질
- behaviour 행동, 행실, 동작, 태도, 품행

Day 005
traffic lights

1. 나는 커요.
2. 나는 세 개의 커다란 눈이 있어요.
3. 나의 눈은 색깔이 다 달라요.
4. 나는 거리 위에 서 있어요.
5. 사람과 차들은 나의 지시에 따라 움직여요.

- **giant** ①거인, 큰 사나이, 힘센 사람, 거대한 것 ②거장, 대가, 위인, 거대 기업
- **different** ①다른, 상이한, 딴 ②서로 다른
- **street** 거리
- **follow** …을 좇다, 동행하다, …을 따라가다
- **direction** ①지도, 지휘, 감독, 관리 ②지시, 명령, 지시서

Day 001   다음의 문장이 나타내는 '사자성어'는 무엇일까요?

Late fruit keeps well.

Soon ripe soon rotten.

Great success does not usually occur early.

Great talents mature late.

Day 002   다음의 문장을 해석해 보세요.

Every wall is a door.

Day 003   난센스 퀴즈입니다. 네 마리 고양이가 괴물이 된다면 무엇일까요?

Day 004   다음 밑줄 친 곳에 공통적으로 들어갈 단어는 무엇
인가요?

_____ consists of a lot of soft white bits of frozen
water that sky in cold weather.

The _____ was beginning to melt.

Day 005   'I'는 무엇일까요? 다음의 설명을 보고 정답을 맞혀 보세요.

1. I am big and blue.
2. I live in the ocean.
3. I am very large mammals.
4. I can swim.

Day 001

오랫동안 익은 과일이 맛있다. 빨리 자라면 빨리 늙는다. 대성공은 보통 일찍 성취되지 않는다. 훌륭한 인재는 늦게 성숙한다. 큰 그릇을 만드는 데는 시간이 오래 걸린다는 뜻으로 **대기만성**(크게 될 사람은 늦게 이루어짐을 이르는 말)을 뜻한다.

- **late** 늦은, 지각한, 더딘
- **keep** (어떤 상태 · 동작을) 계속하다, 유지하다
- **well** 잘, 좋게, 제대로
- **soon** 이윽고, 곧, 이내
- **ripe** (과일 · 곡물이) 익은, 여문
- **rotten** 썩은, 부패한, 냄새 고약한, 더러운
- **occur** (사건 따위가) 일어나다, 생기다
- **early** 일찍이, 일찍부터
- **talent** (타고난) 재주, 재능, 장기
- **mature** 익은, 성숙한
- **late** 늦은, 지각한, 더딘

Day 002

모든 벽에도 문이 있다.

Day 003

Four cat monster(포켓몬스터 : pocket monster)
- **monster** 괴물, 요괴

Day 004
snow
눈은 추운 날씨에 하늘을 나는 많은 부드러운 하얀 얼음물 조각들로 이루어져 있다.
눈이 녹아내리기 시작하고 있다.

- consist (…으로) 되다, (부분 · 요소로) 이루어져 있다
- soft 부드러운, 유연한, 폭신한
- frozen freeze의 과거분사
- freeze 얼다, 얼리다
- weather 일기, 기후, 기상, 날씨
- beginning 처음, 최초, 시작
- melt 녹다, 용해하다

Day 005
Whale
1. 나는 크고 파란색이에요.
2. 나는 대양에 살아요.
3. 나는 매우 큰 포유동물이에요.
4. 나는 수영을 해요.

- ocean 대양, 해양
- mammal 포유동물

Day 001 다음의 문장이 나타내는 '사자성어'는 무엇일까요?

make a glorious return

make an honorable return

Day 002　　　다음의 문장을 영작해 보세요.

인생은 선택이다.

Day 003　　　난센스 퀴즈입니다. 물고기 중에 가장 공부를 열심히 한 물고기는 무엇일까요?

If we had no _____, the spring would not be so pleasant:
if we did not sometimes taste of adversity, prosperity
would not be so welcome.

No matter how cold your proverbial _____, you can
plant seeds of change in your life by changing your
thoughts and actions.

One kind word can warm three _____ months.

Blow, blow thou _____ wind, thou art not so unkind as
man's ingratitude.

Day 005   'I'는 무엇일까요? 다음의 설명을 보고 정답을 맞혀 보세요.

1. I am something you need in the rain.
2. I come in many colors and sizes.
3. I protect you from getting wet in the rain.

Day 001

출세를 하여 고향에 돌아가거나 돌아옴을 비유적으로 이르는 말로 **금의환향**(비단옷을
입고 고향에 돌아온다는 뜻)을 의미한다.

- **glorious** 영광스러운, 명예(영예)로운
- **return** 되돌아가다, 돌아오다
- **honorable** 명예 있는, 명예로운

Day 002

Life is a choice.

- **choice** 선택, 선정

Day 003

Doctor Fish

Day 004

winter

겨울이 없다면 봄은 그리 기쁘지 않을 거야. 고난을 맛보지 않는다면 성공이 반갑지 않
을 거고.
겨울이 아무리 추울지라도 생각과 행동을 갈아입음으로써 너의 삶에 변화의 씨앗을 심
을 수 있어.
하나의 친절한 말이 겨울 세 달을 따뜻하게 할 수 있어.
불어라, 불어라, 겨울 바람이여.
그래봤자 네가 은혜를 모르는 사람만큼 매정하지 않으니.

- **pleasant** 즐거운, 기분 좋은, 유쾌한
- **taste** 미각, 맛, 풍미

- adversity 역경, 불행, 불운
- prosperity 번영, 번창, 융성, 성공, 행운, 부유
- welcome 어서 오십시오, 환영합니다
- proverbial 속담의, 속담투의, 속담에 있는, 소문난, 이름난
- plant 식물, 초목
- seed 씨앗, 종자, 열매
- warm 따뜻한, 온난한, 더운
- month 달, 월
- blow (바람이) 불다
- thou 당신(you를 의미하는 단수 주어 형태)
- unkind 불친절한, 몰인정한, 동정심이 없는, 매정한, 고약한
- ingratitude 배은망덕, 은혜를 모름

Day 005
umbrella

1. 나는 당신이 비가 올 때 필요로 하는 거예요.
2. 나는 색상과 사이즈가 다양해요.
3. 나는 당신이 비에 젖지 않게 지켜줘요.

- something 무언가, 어떤 것
- size 크기, 넓이, 치수
- protect 보호하다, 막다, 지키다
- wet 젖은, 축축한

From
18 Week

to
34 Week

Day 001   다음의 문장이 나타내는 '사자성어'는 무엇일까요?

Rising in the world and gaining fame.

Day 002   다음의 문장을 해석해 보세요.

Where there's a will, there's a way.

Day 003   난센스 퀴즈입니다. 〈겨울왕국〉 속 엘사가 다니는 학교의 이름은 무엇일까요?

Day 004   다음 밑줄 친 곳에 공통적으로 들어갈 단어는 무엇 인가요?

If you've never been thrilled to the very edges of your soul by a flower in _____ bloom, maybe your soul has never been in bloom.

The deep roots doubt _____ will come.

_____ shows what God can do with a drab and dirty world.

다음 밑줄 친 곳에 들어갈 단어는 무엇인가요?

The promise of spring's arrival is enough to get anyone through the _____ winter.

봄이 올 것이라는 희망을 통해 많은 사람들이 쓰디쓴 겨울을 감내할 수 있는 것이다.

Day 001
출세하여 이름을 세상에 떨침. 즉 **입신양명**을 뜻한다.

Day 002
뜻이 있는 곳에 길이 있다.
- **way** 길, 도로, 통로, 진로

Day 003
Let's it go(렛잇고)

Day 004
spring
만약 당신이 봄에 피어나는 꽃을 보고도 영혼의 설렘을 느끼지 못한다면, 당신의 영혼
은 아직 피어나지 못한 것이다.
땅 속에 있는 뿌리는 봄이 온다는 것을 의심하지 않는다.
봄을 통해 당신은 알게 될 것이다. 삭막하고 척박한 세상도 바꿀 수 있다는 것을 말이다.
- **thrill** 스릴, 부르르 떨림, 전율
- **edge** 끝머리, 테두리, 가장자리, 변두리
- **soul** 영혼, 넋, 정신, 마음
- **flower** 꽃
- **bloom** 꽃의 만발, 활짝 핌
- **maybe** 어쩌면, 아마
- **root** 뿌리
- **doubt** 의심, 의혹, 회의, 불
- **drab** 충충한 갈색의, 단조로운, 재미없는
- **dirty** 더러운, 불결한

Day 005
bitter

- **promise** 약속, 계약
- **arrival** 도착, 도달
- **enough** 충분한, …하기에 족한
- **anyone** 누구도, 아무도
- **through** …을 통하여(지나서, 빠져), …을 꿰뚫어

Day 001   다음의 문장이 나타내는 '사자성어'는 무엇일까요?

Bad luck often brings good luck.

A misfortune turns into a blessing.

Day 002   다음의 문장을 해석해 보세요.

Nothing ventured, nothing gained.

Day 003   난센스 퀴즈입니다. 5월의 왕을 영어로 하면 무엇
일까요?

Day 004   다음 밑줄 친 곳에 공통적으로 들어갈 단어는 무엇인가요?

The _____ that can cease has never been real.

_____ is certainly the finest balm for the pangs of disappointed love.

_____ make prosperity more shining and lessens adversity by dividing and sharing it.

Day 005　　'I'는 무엇일까요? 다음의 설명을 보고 정답을 맞혀 보세요.

1. I have four legs.

2. I can run fast.

3. I have to eat grass and corns.

4. I have a beautiful tail.

5. I am large animal which people can ride.

Day 001
불행은 종종 행운을 가져온다. 불운이 오히려 축복으로 바뀐다. 즉 **전화위복**(재앙과 근심, 걱정이 바뀌어 오히려 복이 됨)을 뜻한다.

- **bad luck** 불운, 액운
- **bring** 가져오다
- **good luck** 행운

Day 002
모험하지 않는다면, 얻는 것도 없다.

- **nothing** 아무것도 아님
- **venture** ①모험 ②위험을 무릅쓰고 가다
- **gain** (노력하여) 얻다, 획득하다

Day 003
Making(메이킹, May King)

Day 004
friendship

- **cease** 그만두다, (…하는 것을) 멈추다, 중지하다
- **real** 진실의, 진짜의
- **certainly** 확실히, 꼭, 의심 없이, 반드시
- **finest** (특히 시(city)의) 경찰, 경관들
- **balm** ①향유, 방향 ②진통제
- **pang** ①격심한 아픔, 고통 ②고민, 번민, 상심
- **disappointed** 실망한, 낙담한

Day 005
horse

1. 나는 다리가 네 개예요.
2. 나는 빨리 달려요.
3. 나는 풀과 곡물을 먹어요.
4. 나는 아름다운 꼬리를 가졌어요.
5. 나는 사람이 탈 수 있는 큰 동물이에요.

- **leg** 다리
- **fast** 빠른, 고속의, 급속한
- **grass** 풀, 목초, 풀밭
- **corn** 낟알, 곡물, 곡류, 옥수수
- **tail** 꼬리
- **ride** (말·탈것 따위에) 타다, 타고 가다

20 Week

Day 001   다음의 문장이 나타내는 '사자성어'는 무엇일까요?

One misfortune rides upon another's back.

Day 002   다음의 문장을 해석해 보고, 우리나라의 속담으로 표현하면 어떤 것일까요?

Too many cooks spoil the broth.

Day 003   난센스 퀴즈입니다. 하얀 집은 white house, 파란 집은 blue house입니다. 그렇다면 투명한 집은 무엇일까요?

Day 004   다음 밑줄 친 곳에 공통적으로 들어갈 단어는 무엇인가요?

Keep your fears to yourself, but share your _____ with others.

Sometimes even to live is an act of _____.

It requires more _____ to suffer than to die.

Day 005   'I'는 무엇일까요? 다음의 설명을 보고 정답을 맞혀 보세요.

1. I have black stripes.
2. My body is green.
3. I am popular fruit in summer.
4. I have black seeds.
5. I have a lot of moisture.

Day 001

불행은 겹치게 마련이라는 뜻의 **설상가상**(눈 위에 서리가 덮인다는 뜻으로, 난처한 일이나 불행한 일이 잇따라 일어남을 이르는 말)을 의미한다.

- **misfortune** 불운, 불행
- **upon** …(위)에[로]
- **another** 다른 하나의, 또 하나
- **back** ①등, 잔등 ②뒤, 뒷면, 이면, 뒤쪽

Day 002

요리사가 너무 많으면 수프를 망친다. 즉 사공이 많으면 배가 산으로 간다.

- **spoil** 망쳐놓다, 못 쓰게 만들다
- **cook** 요리[조리]하다, 음식을 만들다
- **broth** 묽은 수프, 고깃국

Day 003

vinyl house(비닐 하우스)

Day 004

courage

두려움은 숨기고 용기는 나눠라.

때로는 살아 있다는 것만으로 용기가 될 때도 있다.

죽는 일보다 고통받는 일이 더 많은 용기를 필요로 한다.

- **fear** 두려움, 무서움, 공포
- **share** ①(무엇을 다른 사람과) 함께 쓰다, 공유하다 ②몫, 할당 몫, 일부분
- **act** 소행, 행위, 짓

- **require** 요구하다, 명하다, 규정하다
- **suffer** (고통 · 변화 따위를) 경험하다, 입다, 받다
- **die** 죽다

Day 005
watermelon
1. 나는 검은색 줄무늬가 있어요.
2. 나의 몸은 녹색이에요.
3. 나는 인기 있는 여름 과일이에요.
4. 나는 검은색 씨를 갖고 있어요.
5. 나는 수분이 많아요.

- **stripe** 줄무늬, 줄
- **popular** ①민중의, 서민의 ②대중적인, 통속의 ③인기 있는
- **seed** 씨앗, 종자, 열매
- **a lot of** 많은
- **moisture** 습기, 수분, 수증기

21 Week

Day 001   다음의 문장이 나타내는 '사자성어'는 무엇일까요?

To kill two birds with one stone.

Day 002   다음의 문장을 해석해 보고, 우리나라의 속담으로 표현하면 어떤 것일까요?

All is not always gold that glitters.

Day 003 다음 밑줄 친 곳에 들어갈 단어는 무엇인가요?

Hope is _____ in every condition.

희망은 어떤 상황에서도 필요하다.

Day **004**   다음 밑줄 친 곳에 공통적으로 들어갈 단어는 무엇인가요?

The day is for honest men, the _____ for thieves.

There was never a _____ or a problem that could defeat sunrise or hope.

I love the silent hour of _____. For blissful dreams may then arise.

다음 밑줄 친 곳에 들어갈 단어는 무엇인가요?

A _____ cannot be tossed out the window. It must be coaxed down the stairs a step at a time.

Day 001

돌 한 개를 던져 새 두 마리를 잡는다는 뜻으로 **일석이조**(동시에 두 가지 이득을 봄을 이르는 말)를 의미한다.

- kill 죽이다, 살해하다
- stone 돌, 돌멩이

Day 002

모든 반짝이는 것이 금은 아니다.

- glitter 반짝임, 빛남, 빛

Day 003

necessary

- condition ①상태, 조건, 조항 ②길들이다, 좌우하다

Day 004

night

낮은 정직한 사람을 위해 존재하고, 밤은 도둑을 위해 존재한다.

태양이 떠오르는 것을 막을 밤이 없고, 희망을 막을 문제는 없다.

나는 밤의 고요한 시간을 사랑한다. 행복한 꿈이 그때 시작되기 때문이다.

- honest 정직한, 숨김(이) 없는, 성실한, 공정한, 훌륭한
- thieves thief의 복수
- thief 도둑, 절도범
- problem 문제, 의문, 연습 문제
- defeat 쳐부수다, 지우다
- sunrise 해돋이, 일출

Day 005
habit

습관은 창밖으로 던져질 수 없다. 한 번에 한 계단씩 계단을 따라 내려가야 한다.

- **toss** (가볍게 · 아무렇게나) 던지다
- **window** 창문
- **coax** 감언으로 설득하다, 달래다, 꾀다
- **stair** 계단

Day 001   다음의 문장이 나타내는 '사자성어'는 무엇일까요?

It is wise to provide for a rainy day.

Day 002   다음의 문장을 해석해 보고, 우리나라의 속담으로 표현하면 어떤 것일까요?

There is no smoke without fire.

Day 003   다음 밑줄 친 곳에 들어갈 단어는 무엇인가요?

Hope is a _____ dream.

희망은 백일몽이다.

Day 004   다음 밑줄 친 곳에 공통적으로 들어갈 단어는 무엇
인가요?

_____ must be experience at its highest.

The world is a book and those who do not _____ read
only a page.

_____ is not about how many places you see, but
how much you see of the places you visit.

Day 005   'I'는 무엇일까요? 다음의 설명을 보고 정답을 맞혀 보세요.

1. I am a tiny crawling insect.
2. I work very hard.
3. I live in a large group.
4. My queen lays all the eggs.

Day 001

비 오는 날을 위해 준비하는 것이 최선이다. 즉 **유비무환**(미리 준비가 되어 있으면 걱정할 것이 없음)을 의미한다.

- wise 슬기로운, 현명한, 총명한
- provide 주다, 지급(공급)하다

Day 002

불이 없이 연기가 있을 수 없다. 아니 땐 굴뚝에 연기 나랴.

- smoke 연기, 매연

Day 003

waking

- waking dream 백일몽
- dream 꿈

Day 004

Travel

여행의 목적은 체험하는 것이다.

세상은 한 권의 책과 같은데, 여행을 하지 않는 사람은 그 책 한 페이지만을 읽은 것과 같다.

여행은 얼마나 여러 곳을 보느냐가 아니라 방문한 곳을 얼마나 많이 보느냐이다.

- experience 경험, 체험
- highest (high의 최상급) 가장 높은
- read 읽다
- page 페이지, 쪽, 면

- place 장소, 곳
- visit 방문하다

Day 005
ant
1. 나는 기어다니는 작은 곤충이에요.
2. 나는 매우 열심히 일해요.
3. 나는 큰 그룹을 지어 살아요.
4. 나의 여왕은 모든 알을 낳아요.

- tiny 작은, 조그마한
- crawl 네 발로 기다
- insect 곤충, 벌레
- hard ①굳은, 단단한, 견고한, 딱딱한 ②열심히, 힘껏, 힘들게
- large 큰, 넓은
- group 떼, 그룹, 집단
- lay ①누이다, 가로눕히다 ②(알을) 낳다

**23
Week**

Day 001 다음의 문장이 나타내는 '사자성어'는 무엇일까요?

Who breaks pays.

Day 002 다음의 문장을 해석해 보고, 우리나라의 속담으로
표현하면 어떤 것일까요?

A drowning man will catch at a straw.

Whether you _____ you can, or _____ you can't, either way you are right.

할 수 있다고 생각하든 할 수 없다고 생각하든, 두 가지 생각 모두 옳다.

다음 밑줄 친 곳에 공통적으로 들어갈 단어는 무엇인가요?

_____s are what make life interesting, overcoming them is what makes life meaningful.

There are no great people in this world, only great _____s which ordinary people rise to meet.

Accept _____s, so that you may feel the exhilaration of victory.

Day 005   'I'는 무엇일까요? 다음의 설명을 보고 정답을 맞혀 보세요.

1. I am a pro at climbing trees.
2. I can use my toes like fingers.
3. I am so smart that I can even imitate humans very quickly.
4. I like banana.

Day 001

나쁜 일을 하면 벌을 면할 수가 없다. 즉 **인과응보**(행한 대로 업에 대한 대가를 받는 일)를 의미한다.

- **break** ①깨뜨리다, 쪼개다, 부수다 ②휴식 시간, 쉬는 시간
- **pay** ①지불하다, 내다 ②급료, 보수

Day 002

물에 빠진 사람은 지푸라기라도 잡는다.

- **drown** 물에 빠뜨리다, 익사시키다
- **catch** 붙들다, (붙)잡다, 쥐다
- **straw** 짚, 밀짚

Day 003

think

- **whether** ⋯인지 어떤지(를, 는)
- **either** ⋯도 또한

Day 004

challenge

도전은 인생을 흥미롭게 만들며, 도전의 극복이 인생을 의미 있게 한다.

이 세상에 위대한 사람은 없다. 단지 평범한 사람들이 일어나 맞서는 위대한 도전이 있을 뿐이다.

도전을 받아들여라. 그러면 승리의 쾌감을 맛볼지도 모른다.

- **interesting** 흥미있는, 재미있는
- **overcome** ⋯에 이겨내다, 극복하다, 정복하다

- overcoming 극복하기
- meaningful 의미심장한, 뜻있는
- ordinary 보통의, 통상의, 정규의
- rise 일어서다, 일어나
- meet …을 만나다, …와 마주치다
- accept 받아들이다, 수락하다
- exhilaration 기분을 돋우어 줌, 들뜬 기분, 유쾌, 상쾌, 흥분
- victory 승리, 전승

Day 005
monkey

1. 나는 나무를 타는 데는 전문가예요.
2. 나는 발가락을 손가락처럼 사용할 수 있어요.
3. 나는 너무 똑똑해서 사람들 흉내도 매우 빨리 낼 수 있어요.
4. 나는 바나나를 좋아해요.

- climb (산 따위에) 오르다, 등반하다
- toe 발가락
- finger 손가락
- imitate 모방하다, 흉내내다
- quickly 빠르게, 급하게, 곧

Day 001   다음의 문장이 나타내는 '사자성어'는 무엇일까요?

Sweet after bitter.

Pleasure follows pain.

Day 002   다음의 문장을 해석해 보고, 우리나라의 속담으로 표현하면 어떤 것일까요?

The mind makes heaven of hell and hell of heaven.

Day 003   다음 밑줄 친 곳에 각각 들어갈 단어는 무엇인가요?

We _____ men who can _____ of things that never were.

우리에게는 존재하지 않는 것들을 꿈꿀 수 있는 사람들이 필요하다.

Day 004 다음 밑줄 친 곳에 공통적으로 들어갈 단어는 무엇인가요?

_____ is counted sweetest by those who ne'er succeed.

_____ is a lousy teacher. It seduces smart people into thinking they can't lose.

_____ is often achieved by those who don't know that failure is inevitable.

A great secret of _____ is to go through life as a man who never gets used up.

Day 005   'I'는 무엇일까요? 다음의 설명을 보고 정답을 맞혀 보세요.

1. I am a bird.

2. I can not fly but I can swim.

3. I lay egg.

4. If you fry me in oil, it tastes good.

Day 001

쓴 것이 다하면 단 것이 온다. 고통이 지나면 기쁨이 온다는 뜻으로, **고진감래**(고생 끝
에 즐거움이 옴을 이르는 말)를 의미한다.

- bitter 쓴, 모진
- pleasure 기쁨, 즐거움
- follow …을 좇다, 동행하다, …을 따라가다
- pain 아픔, 고통

Day 002

마음이 지옥을 천국으로, 천국을 지옥으로 만든다. 즉 마음먹기 나름이다.

- heaven 천국
- hell 지옥

Day 003

need, dream

- thing 것, 물건, 물체

Day 004

Success

성공이 그렇게 달콤한 것은 결코 성공하지 못한 사람들이 있기 때문이다.

성공은 형편없는 선생이다. 똑똑한 사람들로 하여금 절대 패할 수 없다고 착각하게 만
든다.

성공은 종종 실패가 불가피하다는 것을 모르는 사람들에 의해 달성된다.

성공의 커다란 비결은 결코 지치지 않는 인간으로 인생을 살아나가는 것이다.

- **count** 세다, 계산하다
- **succeed** 성공하다, 출세하다
- **lousy** 안 좋은, 엉망인, 형편없는
- **seduce** 부추기다, 속이다, 꾀다
- **thinking** 생각하는, 사고하는
- **lose** 잃다, 없애다, 상실하다
- **achieve** (일 · 목적)을 이루다, 달성(성취)하다, (어려운 일)을 완수하다
- **failure** 실패
- **inevitable** 피할 수 없는, 면할 수 없는, 부득이한
- **great** 큰, 거대한, 위대한
- **secret** ①비밀의, 남몰래 하는 ②비밀, 기밀

Day 005
chicken

1. 나는 새예요.
2. 나는 날지 못하지만 수영은 해요.
3. 나는 알을 낳아요.
4. 나를 기름에 튀기면 맛이 좋아요.

- **fly** ①날다, 비행하다 ②파리
- **fry** (기름에) 굽다[부치다], 튀기다, 굽히다, 튀겨지다
- **oil** 석유, 기름, 오일
- **taste** 맛, 미각, 입맛

Day 001 다음의 문장이 나타내는 '사자성어'는 무엇일까요?

Many hands make light work.

Day 002 다음의 문장을 해석해 보고, 우리나라의 속담으로 표현하면 어떤 것일까요?

It never rains but it pours.

다음 밑줄 친 곳에 각각 들어갈 단어는 무엇인가요?

If it is not _____ do not do it.

옳지 않다면, 하지 말아라.

If it is not _____, do not say it.

진실이 아니라면, 말하지 말아라.

다음 밑줄 친 곳에 공통적으로 들어갈 단어는 무엇
인가요?

I notice that _____ is more the season of the soul than
of nature.

_____ is a second spring when every leaf is a flower.

And the sun took a step back, the leaves lulled themselves
to sleep, and _____ was awakened.

Unless a tree has borne _____ in spring, you will vainly look for fruit on it in autumn.

나무가 봄에 꽃을 피우지 않는 한, 당신은 가을에 열매를 헛되이 찾게 될 것입니다.

Day 001

많은 손들이 일을 가볍게 만든다는 뜻으로 **십시일반**(밥 열 술이 한 그릇이 된다. 여러 사람이 조금씩 힘을 합하면 한 사람을 돕기 쉬움을 이르는 말)을 의미한다.

- **light** ①빛, 광선 ②가벼운
- **work** 일, 작업, 노동

Day 002

비가 계속 오지 않다 퍼붓는다. 엎친 데 덮친 격이다.

- **pour** 따르다, 쏟다, 붓다, 흐리다

Day 003

right, true

Day 004

autumn

가을은 자연의 계절이기보다는 영혼의 계절임을 나는 알았다.

모든 낙엽이 꽃이라고 한다면, 가을은 제2의 봄이라고 할 수 있다.

그리고 태양이 한 걸음 물러서자 잎들은 잠이 들고, 가을은 깨어났다.

- **notice** ①주의, 주목 ②…을 인지하다, …에 주의하다, …을 유의하다
- **season** 계절, 철
- **nature** 자연, 천지만물
- **leaf** 잎, 나뭇잎, 풀잎
- **lull** (비 · 바람 · 폭풍우 등의) 진정, 잠잠함, 뜸함
- **awake** 깨우다, 눈뜨게 하다

Day 005
blossom

- **unless** …하지 않으면, …하지 않는 한, …한 경우 외에는
- **vainly** 허사로, 헛되이
- **autumn** 가을, 추계

Day 001   다음의 문장이 나타내는 '사자성어'는 무엇일까요?

I wish you a Happy New Year.

Day 002   다음의 문장을 해석해 보고, 우리나라의 속담으로 표현하면 어떤 것일까요?

A little learning is a dangerous thing.

Day 003   다음 밑줄 친 곳에 공통적으로 들어갈 단어는 무엇
인가요?

Every child is an _____. The problem is how to remain
an _____ once he grows up.

모든 어린이는 예술가이다. 문제는 어떻게 하면 이들이 커서도 예술가로 남을 수 있
게 하느냐이다.

Day 004   다음 밑줄 친 곳에 공통적으로 들어갈 단어는 무엇 인가요?

The reading of all good _____ is like a conversation with the finest men of past centuries.

You can cover a great deal of country in _____.

The multitude of _____ is making us ignorant.

Day **005**　다음 밑줄 친 곳에 들어갈 단어는 무엇인가요?

A book that is _____ is but a block.

닫혀 있기만 한 책은 블록일 뿐이다.

정답

Day 001
삼가 새해를 축하한다는 뜻으로, **근하신년**(새해의 복을 비는 인사말)을 의미한다.
- wish 바라다, 원하다

Day 002
조금 아는 것이 더 위험하다, 선무당이 사람 잡는다.
- a little 약간의 물건[선물], 한잔, 간단한 식사
- learn …을 배우다, 익히다, 가르침을 받다, 공부하다, 연습하다
- dangerous 위험한, 위태로운

Day 003
artist
- remain 남다, 남아 있다
- grow 성장하다, 자라다

Day 004
books
좋은 책을 읽는 것은 과거 몇 세기의 가장 훌륭한 사람들과 이야기를 나누는 것과 같다. 책으로 한 나라의 상당 부분을 다닐 수 있다. 많은 책들이 우리를 무식하게 만들고 있다.
- conversation 회화, 대화, 대담
- fine 훌륭한, 뛰어난, 좋은
- past 지나간, 과거의
- century 1세기, 백 년
- deal ①돌리다[나누다] ②많은, 많이
- country 국가, 나라

160

- **multitude** 아주 많은 수, 다수
- **ignorant** 무지한, 무식한, 무학의

Day 005
shut

- **block** 큰 덩이, 큰 토막

27 Week

Day 001   다음의 문장이 나타내는 '사자성어'는 무엇일까요?

Preach to deaf ears.
Pouring water on a duck's back.

Day 002   다음의 문장을 해석해 보고, 우리나라의 속담으로
표현하면 어떤 것일까요?

Every cloud has a silver lining.

Day 003 다음 밑줄 친 곳에 공통적으로 들어갈 단어는 무엇
인가요?

When you _____ in a thing, _____ in it all the way,
implicitly and unquestionable.

당신이 어떤 것을 믿을 때, 묵시적으로 그리고 의심의 여지없이 그것을 끝까지 믿으
십시오.

Day **004**   다음 밑줄 친 곳에 공통적으로 들어갈 단어는 무엇인가요?

Genius without _____ is like silver in the mine.

_____ is a state-controlled manufactory of echoes.

It is only the ignorant who despise _____.

Day **005** 'I'는 무엇일까요? 다음의 설명을 보고 정답을 맞혀 보세요.

1. I am a very useful animal for man.
2. I am big, but I am very mild.
3. I'm a large animal that is kept on farms for its milk.

Day 001

귀머거리 귀에 설교하기, 오리 등에 물 붓기, 즉 **마이동풍**(말의 귀를 스쳐 가는 동쪽 바람이라는 뜻으로, 남의 말을 귀담아듣지 아니하고 지나쳐 흘려버림을 이르는 말)이나 **우이독경**(쇠귀에 경 읽기라는 뜻으로, 아무리 가르치고 일러 주어도 알아듣지 못함을 이르는 말)을 의미한다.

- **preach** 설교하다, 전도하다
- **deaf** 귀머거리, 청각장애인
- **pouring** 퍼붓는 듯한, 잇따라 쏟아져 나오는

Day 002

모든 구름의 뒤편은 은빛으로 빛난다, 즉 힘든 날이 가고 나면 좋은 날이 온다, 쥐구멍에도 볕 들 날이 있다.

- **cloud** 구름
- **silver** 은, 은그릇
- **lining** (무엇의 안에 대는) 안감

Day 003

believe

- **implicitly** 암암리에, 함축적으로, 무조건[절대적]으로, 내재하여
- **unquestionable** 의심할 바 없는, 논의할 여지 없는, 확실한, 나무랄 데 없는

Day 004

education

교육 없는 천재는 광산 속의 은이나 마찬가지이다.

교육이란 똑같은 생각을 찍어내는 국영 공장이다.

교육을 무시하는 것은 무지한 사람뿐이다.
- **genius** 천재, 비범한 재능
- **mine** 나의 것, 나의 소유물
- **manufactory** 제조소, 공장
- **echoes** echo의 3인칭 단수
- **echo** 메아리, 반향, 울림
- **ignorant** 무지한, 무학의, 무식한
- **despise** 경멸하다, 멸시하다, 얕보다

Day 005
cow

1. 나는 인간에게 매우 유용한 동물이에요.
2. 나는 덩치는 크지만 매우 순해요.
3. 나는 우유 때문에 농장에서 길러지는 동물이에요.

- **useful** 쓸모 있는, 유용한, 유익한
- **mild** (성질 · 태도가) 온순한, 상냥한
- **farm** 농장, 농지, 농원

Day 001   다음의 문장이 나타내는 '사자성어'는 무엇일까요?

They each have different purposes.

Day 002   다음의 문장을 해석해 보고, 우리나라의 속담으로 표현하면 어떤 것일까요?

Walls have ears.

다음 밑줄 친 곳에 공통적으로 들어갈 단어는 무엇
인가요?

You don't have to be great to _____, but you have
to _____ to be great.

시작하기 위해서 위대해질 필요는 없지만, 위대해지기 위해서는 시작해야 한다.

다음 밑줄 친 곳에 공통적으로 들어갈 단어는 무엇 인가요?

_____ cools, time clarifies, no mood can be maintained quite unaltered through the course of hours.

We must use _____ as a tool, not as a crutch.

If _____ flies when you're having fun, it hits the afterburners when you don't think you're having enough.

Day 005   다음 밑줄 친 곳에 들어갈 단어는 무엇인가요?

We must not say every mistake is a _____ one.

모든 실수가 어리석은 것이라 말해선 안 된다.

정답

Day 001

그들은 각각 다른 목적을 가지고 있다, 즉 **동상이몽**(같은 자리에 자면서 다른 꿈을 꾼다는 뜻으로, 겉으로는 같이 행동하면서도 속으로는 각각 딴생각을 하고 있음을 이르는 말)을 의미한다.

- **different** 다른, 상이한, 딴
- **purpose** 목적, 의도, 용도

Day 002

벽에도 귀가 있다, 낮말은 새가 듣고, 밤말은 쥐가 듣는다.

- **wall** 벽, 담, 외벽

Day 003

start

- **great** 큰, 거대한, 광대한

Day 004

time

시간은 차갑게 식혀주고, 명확하게 보여준다. 변하지 않은 채 몇 시간이고 지속되는 마음의 상태는 없다.

시간을 도구로 사용할 뿐, 시간에 의존해서는 안 된다.

즐거울 때 시간이 날아간다면, 시간이 부족하다 싶을 때 시간은 가속 엔진을 가동시킨다.

- **clarify** 명확하게 하다, 분명히 말하다
- **mood** 기분, 마음가짐
- **maintain** 지속하다, 유지하다
- **quite** 완전히, 아주, 전혀, 꽤, 상당히

- unaltered 변하지 않은, 불변의, 여전한
- course 진로, 행로, 물길

Day 005
foolish

- mistake 잘못, 틀림, 실수

29 Week

Day 001   다음의 문장이 나타내는 '사자성어'는 무엇일까요?

That was a close call.

Day 002   다음의 문장을 해석해 보고, 우리나라의 속담으로
표현하면 어떤 것일까요?

It is a pie in the sky.

All our dreams can _____ _____, if we have the courage to pursue them.

우리가 꿈을 추구할 용기만 있다면 모든 꿈은 이루어질 수 있습니다.

Day 004   다음 밑줄 친 곳에 공통적으로 들어갈 단어는 무엇인가요?

A good _____ can tell you what is the matter with you in a minute. He may not seem such a good friend after telling.

A _____ should bear his friend's infirmities.

Nothing changes your opinion of a _____ so surely as success - yours or his.

Day 005   다음 밑줄 친 곳에 각각 들어갈 단어는 무엇인가요?

_____ _____ is of a retired nature, and an enemy to pomp and noise, it arises, in the first place, from the enjoyment of one's self, and in the next from the friendship and conversation of a few select companions.

진정한 행복은 잘 드러나지 않으며, 화려함과 소란스러움을 적대시한다. 진정한 행복은 처음에는 자신의 삶을 즐기는 데서, 다음에는 몇몇 선택된 친구와의 우정과 대화에서 온다.

Day 001

큰일 날 뻔했다. 즉 **십년감수**(수명이 십 년이나 줄 정도로 위험한 고비를 겪음. 몹시 놀라거나 위태로운 일을 겪었을 때 쓰는 말)를 의미한다.

- close (눈을) 감다, (문·가게 따위를) 닫다
- call 부르다

Day 002

하늘 속 파이, 그림의 떡

- pie 파이
- sky 하늘

Day 003

come true

- courage 용기, 담력, 배짱
- pursue 뒤쫓다, 추적하다

Day 004

friend

좋은 친구는 일 분 안에 당신의 문제가 무엇인지 말해줄 수 있다. 말한 후에는 좋은 친구로 보이지 않을 수도 있다.

친구라면 친구의 결점을 참고 견뎌야 한다.

너의 성공이나 친구의 성공만큼 확실하게 친구에 대한 너의 생각을 바꿔주는 것은 없다.

- matter 물질, 물체
- minute 분, 잠깐 동안
- seem …으로 보이다, …(인 것) 같다, …(인 것으)로 생각되다

- **after** 뒤에, 다음에
- **tell** 말하다, 이야기하다

Day 005
True happiness
- **retire** 물러가다, 칩거
- **nature** 자연, 천지만물
- **enemy** 적, 원수
- **pomp** 화려, 장관
- **noise** 소리, 소음
- **arise** 일어나다, 나타나다, 발생하다, 생기다
- **place** 장소, 곳
- **enjoyment** 즐거움, 기쁨, 유쾌
- **friendship** 우정, 우호, 호의
- **conversation** 대담, 대화, 회화
- **select** 선택하다, 고르다
- **companion** 동료, 상대, 친구

Day 001   다음의 문장이 나타내는 '사자성어'는 무엇일까요?

being all alone in the world
having neither friends nor relatives

Day 002   다음의 문장을 해석해 보고, 우리나라의 속담으로
표현하면 어떤 것일까요?

Old habits die hard.

Day 003 다음 밑줄 친 곳에 공통적으로 들어갈 단어는 무엇
인가요?

The _____ is not so long as we can say. "This is the
_____."

현재가 비참하다고 말할 수 있는 동안은, 아직 제일 비참한 상태가 아니다.

다음 밑줄 친 곳에 공통적으로 들어갈 단어는 무엇인가요?

The important thing was to _____ rather than to be loved.

Let me not to the marriage of true minds Admit impediments : _____ is not _____ Which alters when it alteration finds.

_____ is merely madness.

다음 밑줄 친 곳에 들어갈 단어는 무엇인가요?

If you wish success in life, make perseverance your bosom friend, experience your wise _____, caution your elder brother and hope your guardian genius.

인생에서 성공하려거든 끈기를 죽마고우로, 경험을 현명한 조언자로, 신중을 형님으로, 희망을 수호신으로 삼으라.

Day 001

의지할 곳이 없는 외로운 홀몸, 즉 **혈혈단신**을 의미한다.

- **alone** 홀로(혼자서), 고독한, 혼자 힘으로 나가는
- **neither A nor B** A도 아니고 B도 아니다
- **relative** 비교상의, 상대적인

Day 002

오래된 습관은 고치기 힘들다, 세 살 버릇 여든까지 간다.

- **habit** 습관, 버릇, 습성
- **hard** 굳은, 단단한, 견고한, 딱딱한

Day 003

worst

- **long** 긴, 길이가 긴

Day 004

love

중요한 것은 사랑을 받는 것이 아니라 사랑을 하는 것이었다.

진실한 사람들의 결혼에 장해를 용납하지 않으리라. 변화가 생길 때 변하는 사랑은 사랑이 아니로다.

사랑은 그저 미친 짓이에요.

- **important** 중요한, 영향력이 큰, 권위 있는
- **rather than** …보다는
- **marriage** 결혼
- **true** 정말의, 진실한

- **impediment** 방해물, 장애
- **alter** 바꾸다, 변경하다
- **alteration** 변경, 개조
- **merely** 단지, 그저, 다만
- **madness** 광기, 정신착란

Day 005
counselor

- **perseverance** 인내(력), 참을성, 버팀
- **bosom** 가슴, 흉부
- **experience** 경험, 체험
- **wise** 슬기로운, 현명한
- **caution** 조심, 신중, 경고, 주의
- **elder** old의 비교급, 손위의, 연장의
- **brother** 남자 형제, 형
- **guardian** 감시인, 관리인, 보관인, 보관자
- **genius** 천재, 비범한 재능

Day 001　　다음의 문장이 나타내는 '사자성어'는 무엇일까요?

Everything's coming up roses.

Day 002　　다음의 문장을 해석해 보고, 우리나라의 속담으로 표현하면 어떤 것일까요?

A journey of thousand miles begins with a single step.

다음 밑줄 친 곳에 들어갈 단어는 무엇인가요?

It's _____ how a little tomorrow can make up for a whole lot of yesterday.

내일이 어제의 모든 것을 만회할 수 있음은 놀라운 일이다.

다음 밑줄 친 곳에 들어갈 단어는 무엇인가요?

_____ is easily deceived because it is quick to hope.

젊음은 희망을 빨리 갖기 때문에 그만큼 쉽게 현혹된다.

Day **005** 'I'는 무엇일까요? 다음의 설명을 보고 정답을 맞혀 보세요.

1. I have four legs.
2. My skin color is green.
3. I cry when it rains.
4. I am good at jumping.

Day 001
모든 일이 장미꽃이 피어나는 것처럼 좋은 상태, 즉 **만사형통**(모든 것이 뜻대로 잘됨)을 의미한다.
- **everything** 모든 것, 무엇이나 다, 만사
- **rose** 장미

Day 002
천 마일의 여정은 한 발자국의 걸음으로 시작된다. 천리길도 한 걸음부터.
- **journey** 여행
- **thousand** 천의, 천 개의
- **begin** 시작되다, 시작하다
- **single** 단 하나의, 단 한 개의, 미혼, 싱글
- **step** ①걷다, 움직이다 ②걸음, 걸음걸이

Day 003
amazing
- **whole** 전부의, 모든
- **yesterday** 어제, 어저께

Day 004
Youth
- **easily** 용이하게, 쉽사리
- **deceive** 속이다, 기만하다, 현혹시키다
- **quick** 빠른, 잽싼

Day 005
frog

1. 나는 다리가 네 개예요.
2. 나의 피부는 녹색이에요.
3. 나는 비가 올 때 울어요.
4. 나는 점프를 잘해요.

- leg 다리
- skin 피부
- jumping ①뛰다, 점프하다 ②도약

Day 001 　다음의 문장이 나타내는 '사자성어'는 무엇일까요?

Cherry on top.

Day 002 　다음의 문장을 해석해 보고, 우리나라의 속담으로 표현하면 어떤 것일까요?

Empty vessels make the most sound.

다음 밑줄 친 곳에 들어갈 단어는 무엇인가요?

I do not like to _____ successes, I like to go on to other things.

나는 성공을 반복하는 것을 좋아하지 않고 다른 일을 계속하는 것을 좋아합니다.

Day 004   다음 밑줄 친 곳에 들어갈 단어는 무엇인가요?

The only tyrant I accept in this world is the still _____ withing.

내가 인정하는 이 세상의 유일한 독재자는 내 안의 작은 목소리뿐.

1. I have been teaching humans everything.
2. I have letters and pictures in me.
3. I am made of paper.
4. Students carry me to school.
5. This transports you to another world.

Day 001
맨 위에 체리를 장식한다는 뜻으로 **금상첨화**(비단 위에 꽃을 더한다는 뜻으로, 좋은 일
위에 또 좋은 일이 더하여짐을 비유적으로 이르는 말)를 의미한다.
- **cherry** 체리, 버찌
- **on top** 맨 위에, 꼭대기에

Day 002
빈 수레가 요란하다.
- **empty** 빈, 공허한, 비어 있는
- **vessel** 용기, 그릇
- **sound** 소리, 음, 음향

Day 003
repeat
- **success** 성공

Day 004
voice
- **tyrant** 폭군, 전제군주
- **accept** 받아들이다, 수납하다
- **still** ①아직 ②그런데도, 그럼에도 불구하고 ③가만히 있는, 고요한, 정지한

Day 005
book
1. 나는 인간을 가르쳐왔어요.

2. 내 안에는 사진과 편지가 있어요.
3. 나는 종이로 만들어요.
4. 학생들은 나를 가지고 학교에 가요.
5. 이것은 당신을 다른 세상으로 데려다줘요.

- **teaching** 교육, 수업, 교수, 훈육
- **everything** 모든 것, 무엇이나 다, 만사
- **letter** 글자, 문자, 편지
- **picture** 그림, 회화, 초상화
- **carry** 운반하다, 나르다
- **transport** 수송하다, 운반하다
- **another** 다른 하나의, 또 하나의
- **world** 세계, 지구

Day 001   다음의 문장이 나타내는 '사자성어'는 무엇일까요?

as proud as a peacock

Day 002   다음의 문장을 해석해 보고, 우리나라의 속담으로 표현하면 어떤 것일까요?

Slow and steady win the game.

Day 003   다음 밑줄 친 곳에 각각 들어갈 단어는 무엇인가요?

If you _____ _____ what to draw, you can start drawing.

무엇을 그려야 할지 모르겠다면 일단 그리기 시작하면 된다.

Day 004   다음 밑줄 친 곳에 들어갈 단어는 무엇인가요?

To love _____ is to identify with them.

누군가를 사랑한다는 것은 자신을 그와 동일시 하는 것이다.

Day 005   'I'는 무엇일까요? 다음의 설명을 보고 정답을 맞혀 보세요.

1. I am very very strong.

2. I wear a beautiful orange fur coat.

3. I am living in mountains.

4. I have black stripes on my fur coat.

5. I am the king of mountain.

정답

Day 001
공작처럼 거만하게, 즉 **득의양양**(뜻한 바를 이루어 우쭐거리며 뽐냄)을 의미한다.
- **proud** 거만한, 잘난 체하는
- **peacock** 공작

Day 002
천천히 그리고 꾸준히 하면 이긴다. 급할수록 천천히.
- **steady** 고정된, 확고한, 흔들리지 않는
- **game** 놀이, 유희, 오락, 장난

Day 003
don't know
- **draw** (색칠은 하지 않고 연필 등으로) 그리다
- **drawing** 그림, 스케치

Day 004
someone
- **identify** (본인 · 동일물임을) 확인하다, 찾다, 발견하다

Day 005
tiger
1. 나는 매우 매우 강해요.
2. 나는 산속에 살아요.
3. 나의 아름다운 오렌지색 털 코트에는 검은 줄이 있어요.
4. 나는 산의 왕이에요.

- **strong** 강한, 유력한
- **living** 살아 있는
- **mountain** 산
- **stripe** 줄무늬, 줄
- **fur** 모피, 모피제품

Day 001   다음의 문장이 나타내는 '사자성어'는 무엇일까요?

The dog that kills wolves is killed by wolves.
Killing the dog after hunting.

Day 002   다음의 문장을 해석해 보고, 우리나라의 속담으로 표현하면 어떤 것일까요?

Strike while the iron is hot.

Day 003   다음 밑줄 친 곳에 각각 들어갈 단어는 무엇인가요?

A man travels the _____ over in search of what he needs
and returns _____ to find it.

인간은 자신이 필요로 하는 것을 찾아 세계를 여행하고 집에 돌아와 그것을 발견한다.

Day **004**   다음 밑줄 친 곳에 들어갈 단어는 무엇인가요?

A friend to all is a friend to _____.

누구에게나 친구는 어느 누구에게도 친구가 아니다.

Day 005   'I'는 무엇일까요? 다음의 설명을 보고 정답을 맞혀 보세요.

1. I am as black as a dark night.

2. I am as sweet as honey.

3. I am as hot as a fire.

4. You can drink me at your home or at a tea shop.

Day 001

늑대 잡는 개는 늑대에게 죽는다. 사냥 후에 개는 죽는다. 즉, **토사구팽**(토끼가 죽으면 토끼를 잡던 사냥개도 필요 없게 되어 주인에게 삶아 먹히게 된다는 뜻으로, 필요할 때는 쓰고 필요 없을 때는 야박하게 버리는 경우를 이르는 말)을 의미한다.

- **kill** 죽이다, 살해하다
- **wolves** wolf의 복수
- **wolf** 이리, 늑대
- **hunting** 사냥

Day 002

쇠가 달았을 때 두드려라, 쇠뿔도 단 김에 빼라.

- **strike** 치다, 두드리다, 때리다
- **iron** 철
- **hot** 뜨거운, 더운

Day 003

world, home

- **travel** 여행하다, 다니다
- **search** 찾다, 수색하다
- **return** 되돌아가다, 돌아오다
- **find** 찾아내다, 발견하다

Day 004

- **all** 모든, 전부의

Day 005
coffee

1. 나는 어두운 밤처럼 검은색이에요.
2. 나는 꿀처럼 달콤해요.
3. 나는 불처럼 뜨거워요.
4. 당신의 집이나 찻집에서 나를 마실 수 있어요.

- **dark** 어두운, 암흑의
- **night** 밤, 야간
- **sweet** 단, 달콤한
- **honey** 벌꿀, 꿀
- **fire** 불, 화염
- **drink** 마시다, 다 마시다
- **tea shop** 다방, 간이식당

From
35 Week

to
52 Week

Day 001   다음의 문장이 나타내는 '사자성어'는 무엇일까요?

It takes two tango.

Day 002   다음의 문장을 해석해 보고, 우리나라의 속담으로 표현하면 어떤 것일까요?

Heaven helps those who help themselves.

When you're in trouble _____ _____ emotions.

곤경에 빠졌을 때는, 감정을 조심하세요.

Day 004   다음 밑줄 친 곳에 들어갈 단어는 무엇인가요?

_____ comes from not knowing what you're doing.

위험은 자신이 무엇을 하는지 모르는 데에서 온다.

'I'는 무엇일까요? 다음의 설명을 보고 정답을 맞혀
보세요.

1. I have feathers and two legs.
2. I am a very common water bird with short legs.
3. I have webbed feet.
4. I say "quack quack!"

Day 001

탱고를 추려면 둘이 필요하다. 즉 **고장난명**(외손뼉만으로는 소리가 울리지 아니한다는 뜻으로, 혼자의 힘만으로 어떤 일을 이루기 어려움을 이르는 말)을 의미한다.

- **tango** (춤의 일종) 탱고

Day 002

하늘은 <u>스스로 돕는</u> 자를 돕는다.

- **heaven** 하늘, 천공
- **those** 그것들, 그 사람들, 그 사물들
- **themselves** 그들 자신

Day 003

mind your

- **mind your** 조심하라
- **trouble** 문제, 곤란, 골칫거리
- **emotion** 감동, 감격, 흥분, 감정

Day 004

Risk

- **knowing** 알고 있는, 아는 것이 많은, 학식이 풍부한
- **doing** 함, 행함, 실행, 노력

Day 005

duck

1. 나는 날개랑 두 다리가 있어요.

2. 나는 다리가 아주 짧은 흔한 물새예요.
3. 나는 물갈퀴가 있어요.
4. 나는 "꽥꽥!" 울어요.

- **feather** 깃털, 깃
- **leg** 다리
- **common** 공통의, 공동의
- **short** 짧은
- **webbed** (오리 · 개구리 따위의 발이) 물갈퀴가 있는
- **quack** (오리가) 꽥꽥 우는 소리

36
Week

Day 001   다음의 문장이 나타내는 '사자성어'는 무엇일까요?

The thief turns on the master with a club.

Day 002   다음의 문장을 해석해 보세요.

Better late than never.

다음 밑줄 친 곳에 들어갈 단어는 무엇인가요?

A _____ is just a talented person who does his homework.

천재란 자신에게 주어진 일을 하는 재능있는 사람일 뿐이다.

다음 밑줄 친 곳에 들어갈 단어는 무엇인가요?

_____ can be quite cold to those whose eyes see the world differently.

인류는 세상을 다른 시각으로 보는 사람들에게 냉담할 수 있다.

Day 005   'I'는 무엇일까요? 다음의 설명을 보고 정답을 맞혀 보세요.

1. I am native to Africa and Asia.

2. I am the largest venomous snake.

3. I can spread the skin of neck into a hood.

4. I am one of the world's deadliest snakes.

5. I dance to music.

정답

Day 001

도둑이 몽둥이를 들고 주인에게 덤빈다는 뜻으로, **적반하장**(잘못한 사람이 아무 잘못도
없는 사람을 나무람을 이르는 말)을 의미한다.

- **thief** 도둑, 도적, 좀도둑, 절도범
- **turn** 돌리다, 회전시키다
- **master** ①주인, 영주, 고용주 ②…을 완전히 익히다, …에 숙달[통달]하다
- **club** 곤봉, 클럽, 동호회

Day 002

늦어도 안 하는 것보다 낫다.

- **late** 늦은, 지각한, 더딘
- **never** 결코[절대/한 번도] … 않다

Day 003

genius

- **just** ①('정확히'라는 뜻의) 딱[꼭], …하는 바로[딱] 그 순간에 ②공정한
- **talent** 재주, 재능, 솜씨
- **person** 사람, 인간
- **homework** 숙제, 예습

Day 004

Humanity

- **quite** 꽤, 상당히, 아주, 정말
- **differently** 다르게, 같지 않게

Day 005
cobra
1. 나는 아프리카와 아시아 출신이에요.
2. 나는 가장 큰 독사예요.
3. 나는 목의 피부를 넓게 펼칠 수 있어요.
4. 나는 세상에서 가장 치명적인 뱀 중 하나예요.
5. 나는 음악에 맞춰 춤을 춰요.

- native 출생의, 출생지의, 본국의, 제 나라의
- large 큰, 넓은
- venomous 독이 있는, 독액을 분비하는, 유해한
- snake 뱀
- spread 펼치다, 전개하다
- neck 목
- deadly 생명을 앗아가는, 치명적인
- deadliest deadly의 최상급
- dance 춤추다

Day 001   다음의 문장이 나타내는 '사자성어'는 무엇일까요?

Speak of the devil, and he will appear.

Day 002   다음의 문장을 해석해 보세요.

A trouble shared is a trouble halved.

Day 003   다음 밑줄 친 곳에 각각 들어갈 단어는 무엇인가요?

I paint objects as I _____ them, not as I _____ them.

나는 보이는 것을 그리지 않고, 생각하는 대로 그린다.

다음 밑줄 친 곳에 들어갈 단어는 무엇인가요?

I don't know the _____ to success, but the key to failure
is trying to please everybody.

나는 성공의 열쇠는 모른다. 그러나 실패의 열쇠는 모두의 비위를 맞추려는 것이다.

Day 005   'I'는 무엇일까요? 다음의 설명을 보고 정답을 맞혀 보세요.

1. I live on a farm.

2. I'm very gentle.

3. I have a thick wool.

4. I live in large groups.

Day 001

마귀 이야기를 하면 마귀가 온다는 뜻, 즉 **담호호지**(호랑이도 제 말을 하면 온다. 이야기에 오른 사람이 마침 그 자리에 나타남을 이르는 말)를 의미한다.

- **devil** 악마, 악귀, 악령
- **appear** 나타나다, 보이게 되다, 출현하다

Day 002

고통은 나누면 반으로 줄어든다.

- **trouble** 애, 문제, 곤란, 골칫거리
- **share** ①몫, 배당몫, 일부분 ②함께 쓰다, 공유하다
- **halve** 2등분하다, 반씩 나누다, 반감하다

Day 003

think, see

- **paint** ①그림물감, 페인트 ②그리다
- **object** ①물건, 물체, 사물 ②반대하다

Day 004

key

- **success** 성공, 성과
- **failure** 실패, 불이행
- **please** 기쁘게 하다, 만족시키다
- **everybody** 누구나, 모두

Day 005
sheep

1. 나는 농장에 살아요.
2. 나는 매우 온화해요.
3. 나는 두꺼운 털을 갖고 있어요.
4. 나는 큰 그룹을 지어 살아요.

- **live** 살다, 살아 있다, 생존하다
- **farm** 농장, 농지, 농원
- **gentle** 온화한, 점잖은, 상냥한
- **thick** 두꺼운, 두툼한, 굵은
- **wool** 양털, 융
- **large** 큰, 넓은
- **group** 떼, 그룹, 집단

Day 001   다음의 문장이 나타내는 '사자성어'는 무엇일까요?

Secret of success is constancy to purpose.

Day 002   다음의 문장을 해석해 보세요.

Never put off till tomorrow.

Day 003   다음 밑줄 친 곳에 들어갈 단어는 무엇인가요?

The way to get started is to quit talking and _____ doing.

시작하는 방법은 말하기를 멈추고 행동을 시작하는 것입니다.

Day **004**   다음 밑줄 친 곳에 들어갈 단어는 무엇인가요?

Force without _____ falls of its own weight.

지혜 없는 힘은 그 자체의 무게로 쓰러진다.

Day 005 'I'는 무엇일까요? 다음의 설명을 보고 정답을 맞혀 보세요.

I fly without wings, I cry without eyes.

Day 001

성공의 비결은 목적에 대한 불굴의 태도, 즉 **초지일관**(처음에 세운 뜻을 끝까지 밀고 나
감)에 있음을 의미한다.

- secret ①비밀의, 남이 모르는 ②비밀, 기밀, 비결, 비법
- constancy 불변성, 항구성, 지조, 절개
- purpose 목적, 의도, 용도

Day 002

오늘 할 일을 내일로 미루지 말라.

- put off 핑계, 발뺌, 연기
- till …까지, …이 되기까지
- tomorrow 내일, 가까운 장래

Day 003

begin

- quit 그만두다, 떠나다

Day 004

wisdom

- force 힘, 세력, 에너지
- fall 떨어지다, 낙하하다
- own 자기 자신의
- weight 무게, 중량, 체중, 비만

Day 005
clouds
나는 날개 없이 날고, 눈 없이 울어요.

- **fly** (새 · 비행기 따위가) 날다
- **wing** 날개

Day 001   다음의 문장이 나타내는 '사자성어'는 무엇일까요?

Either way, it is the same.

Day 002   다음의 문장을 해석해 보세요.

It is easier said than done.

Day **003**   다음 밑줄 친 곳에 들어갈 단어는 무엇인가요?

It took me four years to paint like Raphael, but a _____ to paint like a child.

라파엘처럼 그리기 위해서 4년이 걸렸지만, 어린아이처럼 그리기 위해서는 평생을 바쳤다.

다음 밑줄 친 곳에 들어갈 단어는 무엇인가요?

The only stable state is the one in which all men are
_____ before the law.

만인이 법 앞에 평등한 국가만이 안정된 국가이다.

Day 005   'I'는 무엇일까요? 다음의 설명을 보고 정답을 맞혀
보세요.

1. I'm tall.

2. I have got a long neck.

3. I have got small ears.

4. I eat leaves.

5. My body is brown with spots.

Day 001

이렇게 하나 저렇게 하나 마찬가지, 즉 **조삼모사**(간사한 꾀로 남을 속여 희롱함을 이르는 말)를 의미한다.

- **either** (부정문의 뒤에서) …도 또한(…아니다, 않다)
- **same** 같은, 마찬가지의

Day 002

행동보다 말하기가 더 쉽다.

- **done** do의 과거분사
- **easier** easy의 비교급
- **easy** 쉬운, 힘들지 않은, 평이한

Day 003

lifetime

- **paint** ①페인트, 그림물감 ②그리다
- **child** 아이, 어린이, 아동

Day 004

equal

- **stable** 안정된, 견고한, 차분한
- **state** 상태, 형편, 사정, 형세
- **law** 법률, 법

Day 005

giraffe

1. 나는 커요.

2. 나는 긴 목을 갖고 있어요.

3. 나는 작은 귀가 있어요.

4. 나는 나뭇잎을 먹어요.

5. 나의 몸은 갈색에 반점이 있어요.

- **tall** 키 큰
- **neck** 목
- **small** 작은, 소형의, 비좁은
- **leaves** leaf의 복수
- **leaf** 잎, 나뭇잎
- **brown** ①갈색, 밤색, 고동색 ②갈색의
- **spot** 점, 반점, 얼룩

Day 001   다음의 문장이 나타내는 '사자성어'는 무엇일까요?

Sweet talk.

Day 002   다음의 문장을 해석해 보세요.

The pen is mightier than the sword.

Day 003 다음 밑줄 친 곳에 들어갈 단어는 무엇인가요?

Laziness is nothing more than the _____ of resting before you get tired.

게으름은 단지 당신이 피곤하기 전에 쉬는 습관일 뿐이다.

다음 밑줄 친 곳에 각각 들어갈 단어는 무엇인가요?

There are seven sins in the world: wealth without work, pleasure without conscience, knowledge without character, commerce without _____, science without _____, worship without sacrifice and politics without principle.

세상에는 일곱 가지의 죄가 있다. 노력 없는 부, 양심 없는 쾌락, 인격 없는 지식, 도덕성 없는 상업, 인성 없는 과학, 희생 없는 기도, 원칙 없는 정치가 그것이다.

Day 005 'I'는 무엇일까요? 다음의 설명을 보고 정답을 맞혀 보세요.

1. I live in a desert.
2. I have long legs and humps.
3. I eat grass, plants even thorns.
4. People sometimes ride on me.
5. I can survive without water for 10 months.

Day 001

달콤한 말, 즉 **감언이설**(귀가 솔깃하도록 남의 비위를 맞추거나 이로운 조건을 내세워 꾀는 말)을 의미한다.

- **sweet** 달콤한, 단
- **talk** ①말하다, 지껄이다 ②이야기, 대화

Day 002

펜은 칼보다 강하다.

- **pen** 펜, 만년필
- **mightier** mighty의 비교급
- **mighty** ①강력한, 힘센, 장대한, 웅장한 ②대단히, 굉장히
- **sword** 검, 칼

Day 003

habit

- **laziness** 게으름, 나태함, 느릿느릿함
- **resting** 휴식하고 있는
- **tired** 피로한, 피곤한, 지친

Day 004

morality, humanity

- **sin** (종교 · 도덕상의) 죄, 죄악
- **wealth** 부, 재산
- **pleasure** 기쁨, 즐거움
- **conscience** 양심, 도덕관념

- knowledge 지식
- character 성격, 기질, 특성, 특질, 개성
- commerce 상업, 무역, 거래
- science 과학, 자연과학
- worship ①예배, 숭배 ②예배하다, 숭배하다
- sacrifice 희생, 제물
- politic 정치의, 정책의
- principle 원리, 원칙, 법칙

Day 005
camel

1. 나는 사막에 살아요.
2. 나는 긴 다리와 혹이 있어요.
3. 사람들은 가끔 나를 타고 가요.
4. 나는 물 없이도 열 달은 살아남을 수 있어요.

- desert 사막, 황무지
- hump (등허리의) 군살, (낙타 따위의) 혹
- sometimes 때때로, 때로는, 이따금
- ride (말 · 탈것 따위에) 타다, 타고 가다
- survive 살아남다, 오래 살다
- month 달, 월

Day 001   다음의 문장이 나타내는 '사자성어'는 무엇일까요?

A buddy from my old stomping grounds.

Day 002   다음의 문장을 해석해 보세요.

Don't judge a book by its cover.

Day 003   다음 밑줄 친 곳에 각각 들어갈 단어는 무엇인가요?

_____ is not the only punishment for laziness. There is also the _____ of others.

당신의 나태함에 대한 유일한 징벌은 실패만이 아니다. 다른 이들의 성공도 있다.

Day 004   다음의 문장을 해석해 보세요.

Fine clothes make the man.

Day 005   'I'는 무엇일까요? 다음의 설명을 보고 정답을 맞혀 보세요.

I am tall when I am young, I am short when I am old.

Day 001

내가 옛날 발 구르던 땅에서 온 친구, 즉 **죽마고우**(대말을 타고 놀던 벗이라는 뜻으로, 어릴 때부터 같이 놀며 자란 벗)를 의미한다.

- **buddy** 형제, 동료, 친구
- **stomp** 발을 세게 구르는 재즈 춤(곡)
- **ground** 지면, 땅, 토지, 대지

Day 002

책표지만 보고 판단하지 마라, 즉 겉모습만 보고 속을 판단하지 마라.

- **judge** ①판사, 심판, 심사위원 ②판단하다, 추정하다
- **cover** ①덮다, 씌우다, 싸다 ②표지

Day 003

Failure, success

- **punishment** 벌, 형벌, 처벌
- **laziness** 게으름, 나태함, 느릿느릿함
- **also** …도 또한, 역시, 똑같이
- **other** (그 밖의) 다른, 다른 사람[것]

Day 004

좋은 옷이 사람을 만든다는 뜻으로 옷이 날개라는 의미로 쓰인다.

- **fine** 훌륭한, 뛰어난, 좋은, 굉장한, 멋진
- **cloth** 옷감, 직물

Day 005

candle

나는 젊었을 때 키가 크고 늙었을 때 키가 작아.

- **tall** 키 큰
- **young** 젊은, 어린
- **short** 짧은
- **old** 나이 먹은, 늙은

Day 001   다음의 문장이 나타내는 '사자성어'는 무엇일까요?

remembering forever
cherishing the memory

Day 002   다음의 문장을 해석해 보세요.

A goal without a plan is just a wish.

Day 003   다음 밑줄 친 곳에 들어갈 단어는 무엇인가요?

Nothing is particularly hard if you ＿＿＿＿＿＿＿ it into small jobs.

무슨 일이든지 간에, 차근차근 조금씩 해나가면 어려울 것이 없다.

Day 004   다음의 문장을 해석해 보세요.

Everyone has a skeleton in his closet.

Day 005　'I'는 무엇일까요? 다음의 설명을 보고 정답을 맞혀 보세요.

1. I have no family.
2. I'm the main character in the movie.
3. I live alone in a jungle.
4. I'm justice in the jungle.
5. I protect the nature from the bad people.

Day 001

영원히 기억하다, 기억을 소중히 하다, 즉 **각골난망**(남에게 입은 은혜가 뼈에 새길 만큼 커서 잊히지 아니함)을 의미한다.

- **remember** 기억하다, 기억나다
- **forever** 영원히, 아주 오랜 시간
- **cherish** 소중히 하다, 귀여워하다
- **memory** 기억, 기억력

Day 002

계획 없는 목표란 그저 소망에 불과하다.

- **goal** 골, 결승점, 목표
- **without** …없이, …이 없는, …을 갖지 않고
- **plan** 계획, 계략
- **wish** ①바라다, 원하다 ②바람, 의도, 소망

Day 003

divide

- **particularly** 특히, 각별히, 현저히
- **hard** 단단한, 견고한, 딱딱한
- **small** 작은, 소형의, 비좁은
- **job** 일, 직장, 일자리, 직무

Day 004

모든 사람들은 그들의 벽장에 해골 하나씩은 가지고 있다는 뜻으로 누구나 털어서 먼지 안 나는 사람 없다는 의미로 쓰인다.

- **everyone** 모든 사람, 누구나
- **skeleton** 뼈대, 골격, 해골
- **closet** ①벽장 ②드러나지 않은, 본인만 알고 있는

Day 005
Tarzan

1. 나는 가족이 없어요.
2. 나는 영화 속 주인공이에요.
3. 나는 정글에서 혼자 살아요.
4. 나는 정글의 정의예요.
5. 나는 나쁜 사람들로부터 자연을 보호해요.

- **family** 가족, 가정
- **main** 주요한, 주된
- **character** 성격, 기질, 특징
- **movie** 영화
- **alone** 혼자, 다른 사람 없이
- **jungle** 정글, 밀림습지
- **justice** 정의, 공정, 공평
- **protect** 보호하다, 막다, 지키다
- **nature** 자연, 천지만물
- **bad** 나쁜, 악질의

Day 001   다음의 문장이 나타내는 '사자성어'는 무엇일까요?

Many a little makes a mickle.

Day 002   다음의 문장을 해석해 보세요.

You always pass failure on the way to success.

Day **003**   다음 밑줄 친 곳에 각각 들어갈 단어는 무엇인가요?

_____ _____ the important things in the world have been accomplished by people who have kept on trying when there seemed to be no hope at all.

세상의 중요한 업적 중 대부분은, 희망이 보이지 않는 상황에서도 끊임없이 도전한 사람들이 이룬 것이다.

Day 004   다음의 문장을 해석해 보세요.

Don't bite the hand that feeds you.

Day 005   'I'는 무엇일까요? 다음의 설명을 보고 정답을 맞혀 보세요.

1. I'm very honest.

2. I tell you whether you are pretty or ugly.

3. I'm more loved by girls than boys.

4. If you smile at me, I will smile at you.

Day 001
작거나 적은 것도 쌓이면 크게 되거나 많아진다. 즉 **적소성대**를 의미한다.
- **many** 많은, 다수의, 여러
- **mickle** 많은, 다량의, 큰

Day 002
성공으로 가는 길은 항상 실패를 지나게 된다.
- **always** 늘, 언제나, 항상
- **pass** 지나다, 통과하다
- **failure** 실패
- **way** 길, 도로, 통로
- **success** 성공, 성취

Day 003
Most of
- **important** 중요한, 의미 있는
- **accomplish** 이루다, 성취하다, 완성하다
- **seem** …으로 보이다, …(인 것) 같다, …(인 것으)로 생각되다

Day 004
먹이 주는 사람의 손을 물지 마라. 즉, 은혜를 원수로 갚지 마라.
- **bite** 물다, 물어 뜯다, 물어 끊다
- **feed** (사람·동물에게) 음식을(먹이를) 주다, (음식을) 먹이다

Day 005
mirror

1. 나는 매우 정직해요.
2. 나는 당신이 예쁘거나 못생겼을 때 말해줘요.
3. 나는 소년보다 소녀들이 더 좋아해요.
4. 만약 나를 보고 당신이 웃으면 나도 웃을 거예요.

- **honest** 정직한, 숨김(이) 없는, 성실한, 공정한, 훌륭한
- **whether** …인지 어떤지
- **pretty** 예쁜, 귀여운
- **ugly** 추한, 보기 싫은, 못생긴
- **more** (수 · 양 등이) 더 많은, 더 큰
- **smile** ①미소 짓다, 생글〔방긋〕거리다, 미소를 보내다 ②미소

Day 001   다음의 문장이 나타내는 '사자성어'는 무엇일까요?

What goes around comes around.

Day 002   다음의 문장을 해석해 보세요.

Everything will be done if you try hard.

다음 밑줄 친 곳에 들어갈 단어는 무엇인가요?

There is no _____ if the things we believe in are different to the things we do.

우리가 믿는 것들과 행동하는 바가 다르다면 행복이란 없다.

Day 004   다음의 문장을 해석해 보세요.

The more you know, the more you understand.

Day 005   'I'는 무엇일까요? 다음의 설명을 보고 정답을 맞혀 보세요.

1. I'm a flower.

2. I love the sun.

3. I like hot weather very much.

4. I'm looking up the sun all day long.

Day 001

돌아간 대로 돌아온다. 즉 **사필귀정**(모든 일은 반드시 바른 길로 돌아감)을 의미한다.

- **around** ①둘레에, 주위에 ②사방에(서), 빙 둘러
- **come** 오다

Day 002

열심히 노력한다면 모든 것은 성취할 수 있다.

- **done** do의 과거분사
- **try** 해보다, 시도하다

Day 003

happiness

- **believe** 믿다, (말 · 이야기 등을) 신용하다, …의 말을 믿다
- **different** 다른, 상이한, 딴

Day 004

더 많이 알수록 더 많이 이해하게 된다는 뜻, 즉 아는 만큼 보인다.

- **more** (수 · 양 등이) 더 많은, 더 큰
- **understand** 이해하다, 알아듣다

Day 005

sunflower

1. 나는 꽃이에요.
2. 나는 태양을 사랑해요.
3. 나는 더운 날씨를 매우 좋아해요.

4. 나는 하루종일 태양을 보고 있어요.

- **flower** 꽃, 화초
- **sun** 태양, 해
- **weather** 일기, 기후, 기상, 날씨
- **looking** …으로 보이는, …한 얼굴을 한
- **all day[night] long** 온종일[밤새도록]

Day 001 다음의 문장이 나타내는 '사자성어'는 무엇일까요?

A flash in the pan.

Day 002 다음의 문장을 해석해 보세요.

How use doth breed a habit in a man.

다음 밑줄 친 곳에 들어갈 단어는 무엇인가요?

All we have to do is _____ what to do with the time that's been given to us.

우리가 해야 할 것은 단지 주어진 시간으로 무엇을 해야 할지 결정하는 것이다.

Day 004   다음의 문장을 해석해 보세요.

Beauty is in the eye of the beholder.

1. I live in the sea.
2. I am a large crustacean.
3. I have eight legs, two big claws.
4. I'm red when cooked.
5. My body has a hard shell.

Day 001

번쩍하는 허무한 순간, 즉 **용두사미**(용의 머리와 뱀의 꼬리라는 뜻으로, 처음은 왕성하나 끝이 부진한 현상을 이르는 말)를 의미한다.

- **flash** 번쩍이다, 빛나다, 확 발화하다(불붙다), 타오르다
- **pan** 납작한 냄비

Day 002

인간이란 습관 들이기 나름이다.

- **use** ①사용, 행사, 이용(법) ②쓰다, 사용(이용)하다
- **doth** do의 제3인칭 단수 직설법 현재형
- **breed** (새끼를) 낳다

Day 003

decide

- **have** (…을) 가지고 있다, 소유하다, (…이) 있다

Day 004

아름다움은 보는 이의 눈에 달려 있다. 즉 제 눈에 안경이라는 뜻이다.

- **beholder** 보는 사람, 구경꾼

Day 005

lobster

1. 나는 바다에 살아요.
2. 나는 커다란 갑각류예요.
3. 나는 여덟 개의 다리와 두 개의 집게가 있어요.

4. 나는 요리를 하면 빨개져요.

5. 나의 몸은 딱딱한 껍데기예요.

  • **crustacean** 갑각류 동물(게 · 가재 · 새우 등)

  • **eight** 여덟의, 여덟, 8

  • **claw** ①발톱, 집게발 ②할퀴다

  • **shell** (달걀 · 조개 따위의) 껍질, 조가비

Day 001   다음의 문장이 나타내는 '사자성어'는 무엇일까요?

Put yourself in someone's shoes.
Put yourself in his shoes, then you'll understand his position.

Day 002   다음의 문장을 해석해 보세요.

Have fun this time, because it will never come again.

Day 003   다음 밑줄 친 곳에 각각 들어갈 단어는 무엇인가요?

Experience is the hardest kind of teacher. It gives the test
_____ and the lesson _____.

경험은 가장 어려운 스승이다. 시험을 먼저 주고 수업을 나중에 주기 때문이다.

Day 004   다음의 문장을 해석해 보세요.

A rat in a trap.

Day 005   'I'는 무엇일까요? 다음의 설명을 보고 정답을 맞혀 보세요.

1. I am not an insect.
2. I am in moist habitat.
3. I have a venomous fangs.
4. I'm long with many legs.

Day 001

내 신발을 한번 신어봐. 그의 입장에 처했다고 생각해봐. 그럼 그를 이해할 거야. 즉 **역지사지**(다른 사람의 처지에서 생각하다)를 의미한다.

- **yourself** 당신 자신을
- **someone** 누군가, 어떤 사람
- **shoe** 신, 신발, 구두
- **understand** 이해하다, 알아듣다, (기술 · 학문 · 법률 따위에) 정통하다
- **position** 위치, 장소, 소재지, 적소

Day 002

현재 이 순간을 즐겨라. 지나간 시간은 영원히 돌아오지 않으니.

- **fun** 재미, 장난, 우스움
- **because** (왜냐하면) …이므로(하므로), …한 이유로, …때문에
- **never** 일찍이 …(한 적이) 없다, 결코[절대/한 번도] … 않다
- **again** 다시, 또, 다시 한 번

Day 003

first, afterward

- **experience** 경험, 체험, 견문, 경력
- **hard** 굳은, 단단한, 견고한, 딱딱한
- **teacher** 선생, 교사, 교수자
- **give** 주다, 거저 주다, 드리다, 증여하다
- **lesson** 학과, 과업, 수업, 연습, 수업 시간

정답

Day 004
독 안에 든 쥐.

- **rat** 쥐, 시궁쥐
- **trap** 올가미, 함정, 덫

Day 005
centipede

1. 나는 곤충이 아니에요.
2. 나는 촉촉한 서식지에 살아요.
3. 나는 독이 있는 송곳니를 갖고 있어요.
4. 나는 길고 많은 다리가 있어요.

- **centipede** 지네
- **insect** 곤충, 벌레
- **moist** 습기 있는, 축축한
- **habitat** (생물의) 서식 장소
- **venomous** 독이 있는, 독액을 분비하는
- **fang** (뱀 · 개 등의) 송곳니
- **leg** 다리

Day 001   다음의 문장이 나타내는 '사자성어'는 무엇일까요?

It is hard to fathom the real minds and intentions of men.

Day 002   다음의 문장을 해석해 보세요.

Love truth, and pardon error.

Day 003   다음 밑줄 친 곳에 들어갈 단어는 무엇인가요?

_____ for wasted time is more wasted time.

낭비한 시간에 대한 후회는 더 큰 시간 낭비이다.

Day 004   다음의 문장을 해석해 보세요.

A burnt child dreads the fire.

Day 005   'I'는 무엇일까요? 다음의 설명을 보고 정답을 맞혀 보세요.

1. I move slow.

2. I have four short legs.

3. I can hide in my hard shell.

4. I like taking for a walk with a rabbit.

Day 001

실제 생각과 의도를 헤아리는 것은 어려운 일이다. 즉 **수심가지**(열 길 물 속은 알아도 한 길 사람 속은 모른다)를 의미한다.

- **fathom** (의미 등을) 헤아리다(가늠하다)
- **real** 진실의, 진짜의, 현실적인
- **mind** 마음, 정신
- **intention** 의향, 의도, 의지

Day 002

진실을 사랑하고 실수를 용서하라.

- **truth** 진리, 진실, 사실
- **pardon** 용서, 허용, 관대
- **error** 잘못, 실수, 틀림

Day 003

Regret

- **waste** 헛되이 하다, 낭비하다
- **more** (수 · 양 등이) 더 많은, 더 큰

Day 004

화상을 입은 아이는 불을 매우 무서워한다는 뜻으로 자라 보고 놀란 가슴 솥뚜껑 보고도 놀란다는 의미이다.

- **burnt** (불에) 덴[탄]
- **child** 아이, 어린이, 아동
- **dread** (대단히) 두려워하다, 무서워하다, 염려(걱정)하다

Day 005
turtle

1. 나는 느리게 움직여요.
2. 나는 네 개의 짧은 다리가 있어요.
3. 나는 딱딱한 껍데기에 숨을 수 있어요.
4. 나는 토끼와 산책하는 것을 좋아해요.

- **slow** (속도가) 느린, 더딘, 느릿느릿한
- **short** 짧은, 간결한, 간단한
- **hide** 숨기다, 보이지 않게 하다
- **shell** (달걀 · 조개 따위의) 껍질, 조가비
- **rabbit** 토끼

Day 001 다음의 문장이 나타내는 '사자성어'는 무엇일까요?

Pain is gone, and pleasure is come.
No gains without pains.

Day 002 다음의 문장을 해석해 보세요.

Life isn't long enough for love and art.

Day 003   다음 밑줄 친 곳에 들어갈 단어는 무엇인가요?

The time to _____ the roof is when the sun is shining.
지붕은 햇빛이 밝을 때 수리해야 합니다.

Day 004   다음의 문장을 해석해 보세요.

Add fuel to the fire.

Day 005   'I'는 무엇일까요? 다음의 설명을 보고 정답을 맞혀 보세요.

1. I was born on the first day of a year.
2. I have twelve children.
3. I only wear and die for one year.
4. I tell you what day is today.
5. I am made of paper.

Day 001

고통이 가면 기쁨이 온다. 고통 없이 얻는 건 없다. 즉 **고진감래**(쓴 것이 다하면 단 것이 온다는 뜻으로, 고생 끝에 즐거움이 옴을 이르는 말)를 의미한다.

- pain (몸의 일부의) 아픔, 고통, 괴로움, 고뇌
- pleasure 기쁨, 즐거움
- gone 지나간, 사라진, 없어진, 가버린
- gain (노력하여) 얻다, 획득하다
- without …없이, …이 없는, …을 갖지 않고

Day 002

예술과 사랑을 하기에 인생이 짧다.

- enough 충분한, …하기에 족한, …할 만큼의
- art 예술, 예술작품, 미술

Day 003

repair

- roof 지붕, 지붕 모양의 것
- shining 빛나는, 번쩍이는, 화려한, 뛰어난

Day 004

불난 집에 부채질한다. 즉 상황을 악화시킨다는 뜻.

- add 더하다, 가산하다, 증가(추가)하다
- fuel 연료, 신탄, 장작

Day 005
calendar

1. 나는 일 년 중 첫날에 태어났어요

2. 나는 열두 아이들이 있어요.

3. 나는 일 년만 쓰고 죽어요.

4. 나는 오늘이 무슨 요일인지 알려줘요.

5. 나는 종이로 만들었어요.

- **born** ①타고난, 선천적인 ② ···으로 태어난, ···태생의
- **first** 첫(번)째의, 최초의, 맨처음
- **twelve** 12의, 12개(사람)의
- **wear** 입고(신고, 쓰고) 있다, 몸에 지니고 있다, 띠고 있다
- **die** 죽다, 사망하다, 사라지다, 없어지다
- **paper** 종이, 종잇조각

Day 001   다음의 문장이 나타내는 '사자성어'는 무엇일까요?

Penny wise and pound foolish.

Day 002   다음의 문장을 해석해 보세요.

To go beyond is as wrong as to fall short.

Day 003   다음 밑줄 친 곳에 들어갈 단어는 무엇인가요?

What is done out of love always takes place _____ good
and evil.

사랑에 의해 행해지는 것은 언제나 선악을 초월한다.

Day 004   다음의 문장을 해석해 보세요.

Don't count your chickens before they are hatched.

'I'는 무엇일까요? 다음의 설명을 보고 정답을 맞혀
보세요.

1. I am white.

2. I am very very thin.

3. You can not study without me.

4. You can write on me.

5. The books and newspapers consist of me.

Day 001

penny는 푼돈을 의미하고, pound는 큰돈을 의미한다. 푼돈에는 현명하고, 큰돈에는 멍청하다. 즉 **소탐대실**(적은 것을 탐하다 큰 것을 잃는다)을 말한다.

- **wise** 슬기로운, 현명한, 총명한, 사려(분별) 있는
- **foolish** 미련한, 어리석은, 바보 같은

Day 002

지나침은 모자람만 못 하다.

- **beyond** …의 저쪽에, …을 넘어서
- **wrong** (도덕적 · 윤리적으로) 그릇된, 부정의, 올바르지 못한, 나쁜
- **fall** 떨어지다, 낙하하다
- **short** 짧은, 간결한, 간단한

Day 003

beyond

- **always** 늘, 언제나, 항상
- **place** 장소, 곳
- **evil** 나쁜, 사악한, 흉악한

Day 004

부화되기 전에 병아리를 세어보지 마라. 즉, 김칫국부터 마시지 마라는 의미이다.

- **count** 세다, 계산하다, 세어 나가다
- **chicken** 닭, 닭고기, 병아리
- **hatch** (알 · 병아리를) 까다, 부화하다

Day 005

paper

1. 나는 하얀색이에요.
2. 나는 아주아주 얇아요.
3. 당신은 나 없이 공부하지 못해요.
4. 당신은 내 위에 쓸 수 있어요.
5. 책과 신문은 나로 구성되어 있어요.

- white ①흰, 흰색의, 하얀 ②흰색, 백색
- very 대단히, 매우, 몹시, 무척
- study 공부, 면학, 학습
- without …없이, …이 없는, …을 갖지 않고
- write (글자 · 말 · 책 · 악보 등을) 쓰다
- newspaper 신문(지), 신문사
- consist (…으로) 되다, (부분 · 요소로) 이루어져 있다

50 Week

Day 001   다음의 문장이 나타내는 '사자성어'는 무엇일까요?

A blessing in disguise.

Day 002   다음의 문장을 해석해 보세요.

The future is not google-able.

Day **003**   다음 밑줄 친 곳에 들어갈 단어는 무엇인가요?

Love is merely _____.

사랑은 그저 미친 짓이에요.

Day 004   다음의 문장을 해석해 보세요.

Practice makes perfect.

Day 005   'I'는 무엇일까요? 다음의 설명을 보고 정답을 맞혀 보세요.

1. I am large reptiles which lived in prehistoric times.
2. I do not live now.
3. I am famous for the movie of Jurassic Park.
4. I lived on the earth millions of years ago.

Day 001

변장을 한 축복이야. 즉 **새옹지마**(인생의 길흉화복은 변화가 많아서 예측하기가 어렵다는 말)를 의미한다.

- **blessing** 축복의 기도, 승인, 허락
- **disguise** ①변장, 가장, 위장 ②변장하다, 위장하다

Day 002

미래는 검색할 수 있는 것이 아니다.

- **future** 미래, 장래, 장차
- **google-able** 검색

Day 003

madness

- **merely** 단지, 그저, 다만, 전혀

Day 004

훈련(연습)이 완벽을 만든다. 정말 잘하고 싶다면 연습을 많이 해야 한다는 뜻.

- **practice** 실행, 실시, 실제
- **perfect** 완전한, 더할 나위 없는, 결점이 없는, 이상적인

Day 005

dinosaur

1. 나는 선사시대에 살았던 큰 파충류예요.
2. 나는 지금은 살지 않아요.
3. 나는 영화 쥬라기 공원으로 유명해요.

4. 나는 수백만 년 전에 지구에 살았어요.

- **dinosaur** 공룡
- **reptile** 파충류의 동물, 파행 동물, 양서류의 동물
- **prehistoric** 유사 이전의, 선사 시대의
- **famous** 유명한, 이름난, 잘 알려진
- **movie** 영화
- **earth** 지구
- **million** 백만, 백만 달러
- **ago** (지금부터) …전에

Day 001   다음의 문장이 나타내는 '사자성어'는 무엇일까요?

neck and neck

Day 002   다음의 문장을 해석해 보세요.

Paradise is where I am.

Day 003　　　다음 밑줄 친 곳에 들어갈 단어는 무엇인가요?

To help a friend in need is _____, but to give him
your time is not always opportune.

친구가 어려울 때 돕기는 쉽지만, 당신의 시간을 친구에게 내주는 게 항상 시의적절
할 수는 없다.

Day 004   다음의 문장을 해석해 보세요.

He who hunts two hares loses both.

Day 005   'I'는 무엇일까요? 다음의 설명을 보고 정답을 맞혀 보세요.

1. I can fly in the sky.

2. I often walk on the ground.

3. You can see me playing in the park.

4. I even delivered letters.

5. I am a symbol of peace.

정답

Day 001
막상막하(경주 · 시합에서 더 낫고 더 못함의 차이가 거의 없음)
· neck 목

Day 002
내가 있는 곳이 곧 낙원이라.
· paradise 천국, 낙원, 극락

Day 003
easy
· need (…을) 필요로 하다, (필수적이거나 아주 중요하므로) …해야 하다
· always 늘, 언제나, 항상
· opportune 형편이 좋은, 시의에 알맞은, 적절한

Day 004
두 마리 토끼를 잡으려다 둘 다 놓친다는 뜻으로 욕심이 과하면 한 가지도 힘들다는 의미이다.
· hunt 사냥하다
· hare ①산토끼, 토끼 ②재빨리 뛰어가다
· lose 잃다, (사람 모습 따위를) 놓쳐버리다, 두고 잊어버리다
· both 양쪽의, 쌍방, 둘 다

Day 005
dove
1. 나는 하늘을 날 수 있어요.

2. 나는 종종 땅 위를 걸어요.
3. 당신은 공원에서 노는 나를 볼 수 있어요.
4. 나는 편지도 배달했어요.
5. 나는 평화의 상징이에요.

- **dove** 비둘기
- **fly** (새 · 비행기 따위가) 날다
- **sky** 하늘, 천국
- **often** 자주, 종종
- **walk** 걷다, 걸어가다
- **ground** 지면, 땅, 토지
- **play** 놀다, (게임놀이 등을) 하다
- **park** 공원, 유원지
- **even** …조차(도), …라도, …까지
- **delivery** 배달, 출산, 분만, 전달
- **letter** 글자, 문자, 편지
- **symbol** 상징, 표상
- **peace** 평화, 태평

52 Week

Day 001 다음의 문장이 나타내는 '사자성어'는 무엇일까요?

Sacrifice oneself to preserve one's integrity.

Day 002 다음의 문장을 해석해 보세요.

The basis of a democratic state is liberty.

다음 밑줄 친 곳에 들어갈 단어는 무엇인가요?

Have _____ _____ thou showest, speak _____
_____ thou knowest, lend less than thou owest, ride
more than thou goest, learn more than thou trowest, set
less than thou throwest.

가진 것보다 적게 보이고, 아는 것보다 적게 말하고, 보유한 것보다 적게 빌려주고,
걷기보다 말을 타고, 알게 된 것을 전부 믿지 말고, 도박할 때는 돈을 많이 걸지 말
아라.

다음의 문장을 해석해 보세요.

A rolling stone gathers no moss.

Day 005   'I'는 무엇일까요? 다음의 설명을 보고 정답을 맞혀 보세요.

1. I am an animal.

2. I am famous for changing the color of my body.

3. This a way to protect myself from the enemy.

4. I look like a lizard.

Day 001

자신의 절개를 지키기 위해 자신을 희생하다. 즉 **살신성인**(자기의 몸을 희생하여 인을 이룸)을 의미한다.

- **sacrifice** 희생, 산 제물, 제물
- **oneself** 자기 자신
- **preserve** 보전하다, 유지하다, 지키다
- **integrity** 성실, 정직, 고결

Day 002

민주국가의 기본은 자유다.

- **basis** 기초, 기저, 토대
- **democratic** 민주주의의, 민주적인
- **state** 상태, 형편, 사정, 정세
- **liberty** 자유, 자립

Day 003

more than, less than

−est(−st)

1. 형용사 · 부사의 최상급 어미
2. thou에 수반하는 동사(제2인칭 · 단수 · 현재 및 과거)의 어미

- **thou** 옛글투 또는 방언 당신(you를 의미하는 단수 주어 형태)
- **show** 보이다, 제시하다, 지적(지시)하다
- **know** 알고 있다, 알다
- **owe** 빚지고 있다, 신세를 지고 있다
- **ride** (말 · 탈것 따위에) 타다, 타고 가다

- **go** (어떤 장소 · 방향으로) 가다, 향하다, 떠나다
- **trow** [고어] 생각하다, 믿다
- **throw** 던지다, 던져 주다, 팽개치다

Day 004
구르는 돌에는 이끼가 끼지 않는다.
- **rolling** 구르는, 회전하는
- **stone** 돌, 돌멩이
- **gather** 모이다, 그러모으다, 모으다, 거두어들이다
- **moss** 이끼

Day 005
chameleon
1. 나는 동물이에요.
2. 나는 나의 몸 색깔을 바꾸는 것으로 유명해요.
3. 이것은 적으로부터 나 자신을 보호하는 방법이에요.
4. 나는 도마뱀이랑 비슷해요.
- **famous** 유명한, 이름난, 잘 알려진
- **change** 바꾸다, 변경하다, 고치다, 갈다
- **protect** 보호하다, 막다, 지키다
- **enemy** 적, 원수, 적수
- **lizard** 도마뱀

하루 1분 영어게임

초판 1쇄 발행 2022년 1월 11일

엮은이 YM기획
펴낸이 추미경

책임편집 김선숙 / **디자인** 정혜욱 / **마케팅** 신용천

펴낸곳 베프북스 / **주소** 경기도 고양시 덕양구 은빛로 45, 4층 406-1호(화정동)
전화 031-968-9556 / **팩스** 031-968-9557
출판등록 제2014-000296호

ISBN 979-11-90546-16-4 (14320)
979-11-90546-00-3 (세트)

전자우편 befbooks15@naver.com / **블로그** http://blog.naver.com/befbooks75
페이스북 https://www.facebook.com/bestfriendbooks75
인스타그램 https://www.instagram.com/befbooks